Tecnologia na Escola
Abordagem Pedagógica
e Abordagem Técnica

Dados Internacionais de Catalogação na Publicação (CIP)
(Câmara Brasileira do Livro, SP, Brasil)

Tecnologia na escola : abordagem pedagógica e abordagem técnica / Nanci Aparecida de Almeida (Coord.)...[et al.]. -- São Paulo : Cengage Learning, 2014.

Outros autores: Bárbara Alessandra Gonçalves Pinheiro Yamada, Benedito Fulvio Manfredini, Sonia Aparecida Romeu Alcici

Bibliografia.
ISBN 978-85-221-1644-7

1. Pedagogia 2. Prática de ensino 3. Sala de aula - Direção 4. Tecnologia educacional 5. Tecnologias da informação e comunicação I. Almeida, Nanci Aparecida de. II. Yamada, Bárbara Alessandra Gonçalves Pinheiro. III. Manfredini, Benedito Fulvio. IV. Alcici, Sonia Aparecida Romeu.

14-00758   CDD-371.33

Índices para catálogo sistemático:

1. Tecnologia educacional : Educação   371.33

Tecnologia na Escola
Abordagem Pedagógica e Abordagem Técnica

Nanci Aparecida de Almeida (Coord.)

Bárbara Alessandra Gonçalves Pinheiro Yamada
Benedito Fulvio Manfredini
Sonia Aparecida Romeu Alcici

Austrália Brasil Japão Coreia México Cingapura Espanha Reino Unido Estados Unidos

Tecnologia na escola
Abordagem pedagógica e
Abordagem técnica

Nanci Aparecida de Almeida (coord.)
Bárbara Alessandra Gonçalves Pinheiro Yamada,
Benedito Fulvio Manfredini
Sonia Aparecida Romeu Alcici

Gerente editorial: Noelma Brocanelli

Editora de desenvolvimento: Marileide Gomes

Supervisora de produção gráfica: Fabiana Alencar Albuquerque

Copidesque: Márcia Elisa Rodrigues

Revisão: Maria Alice da Costa

Diagramação: Triall Composição Editorial

Imagem de abertura de capítulo: Andrea Danti/ shutterstock

Editora de direitos de aquisição e iconografia: Vivian Rosa

Analista de conteúdo e pesquisa iconográfica: Javier Muniain

Pesquisa iconográfica: Mario Coelho

Capa: Sérgio Bergocce

Imagem da capa: Ellagrin/Shutterstock

© 2015 Cengage Learning Edições Ltda.

Todos os direitos reservados. Nenhuma parte deste livro poderá ser reproduzida, sejam quais forem os meios empregados, sem a permissão, por escrito, da Editora. Aos infratores aplicam-se as sanções previstas nos artigos 102, 104, 106, 107 da Lei nº 9.610, de 19 de fevereiro de 1998.

Esta editora empenhou-se em contatar os responsáveis pelos direitos autorais de todas as imagens e de outros materiais utilizados neste livro. Se porventura for constatada a omissão involuntária na identificação de algum deles, dispomo-nos a efetuar, futuramente, os possíveis acertos.

A Editora não se responsabiliza pelo funcionamento dos links contidos neste livro que possam estar suspensos.

Para informações sobre nossos produtos, entre em contato pelo telefone **0800 11 19 39**

Para permissão de uso de material desta obra, envie seu pedido para **direitosautorais@cengage.com**

© 2015 Cengage Learning. Todos os direitos reservados.

ISBN 13: 978-85-221-1644-7
ISBN 10 : 85-221-1644-X

Cengage Learning
Condomínio E-Business Park
Rua Werner Siemens, 111 – Prédio 11 – Torre A – Conjunto 12
Lapa de Baixo – CEP 05069-900 – São Paulo –SP
Tel.: (11) 3665-9900 – Fax: 3665-9901
SAC: 0800 11 19 39

Para suas soluções de curso e aprendizado, visite
www.cengage.com.br

Impresso no Brasil
Printed in Brazil
1 2 3 4   14 15 16

*A todos os meus alunos pela oportunidade que
me deram de aprender e crescer com eles.*
Sonia Aparecida Romeu Alcici

*À minha filha, Suellen, por me apoiar com
amorosidade, e ao meu companheiro, Ulisses, por me
valorizar e incentivar por quase 35 anos.*
Nanci Aparecida de Almeida

*Ao esforço conjunto de todos os autores que dispuseram
de parte de seu precioso tempo para se dedicar à produção
desta obra. Não posso deixar de mencionar os que, direta
ou indiretamente, colaboraram para que mais esta
etapa na minha vida fosse concretizada.*
Benedito Fulvio Manfredini

*A meus pais, Altimélio e Maria Nazarete, a meu
marido, André, e às minhas luzes do dia, Bianca e
Alana, por me apoiarem nesta nova jornada.*
Bárbara Alessandra G.P. Yamada

Sobre os autores

Bárbara Alessandra Gonçalves Pinheiro Yamada é especialista em Educação a Distância pela Universidade Norte do Paraná (2011). Graduada em Matemática, bacharelado em Informática, pela Universidade Federal de Juiz de Fora (1993). Foi professora colaboradora da Universidade de Taubaté (1998 a 2000), lecionou no Instituto Mairiporã de Ensino Superior (2001 a 2006), no Instituto Taubaté de Ensino Superior (2009 a 2010) e na Faculdade de Pindamonhangaba (2006 a 2011). Aprovada em concurso para o Centro Estadual de Educação Tecnológica Paula Souza – Escola Técnica (Etec) de São José dos Campos (2009), leciona na Etec Machado de Assis em Caçapava desde 2009. Lecionou na Etec Dr. Geraldo José Rodrigues Alckmin (2011), em Taubaté e na Anhanguera Educacional S.A. (2012). Tem experiência na área de Ciência da Computação, com ênfase em Banco de Dados, atuando, principalmente, nos seguintes temas: software, teorias educacionais, sistemas multimídia, modelagem de dados e ferramentas de autoria.
e-mail: bagpyamad@gmail.com

Benedito Fulvio Manfredini é bacharel em Computação (1994), especialista em Administração Industrial (1998) e mestre em Gestão e Desenvolvimento Regional (2004). Trabalhou na construção de materiais e conteúdos para EaD na Universidade de Taubaté. Atualmente, é responsável por algumas plataformas de Educação a Distância, além de ministrar diversos cursos/workshops sobre o tema. Tem experiência na área de Tecnologias da Informação (TI), é um apaixonado por educação e ensino e atua como consultor em TI em instituições de ensino. Tem predileção pelos temas: tecnologia da informação, desenvolvimento tecnológico, sistemas de informação e formação tecnológica do novo educador.
e-mail: f.manfredini@hotmail.com

Nanci Aparecida de Almeida é mestre em Linguística Aplicada (2009), especialista em Leitura e Produção de Texto (2007) e graduada em Letras – Português/Inglês – (1981) pela Universidade de Taubaté (Unitau). Lecionou a disciplina Português Instrumental na Unitau em cursos de graduação entre 2005 e 2011. Ainda na Unitau, foi membro do Grupo de Estudos em Língua Portuguesa (2006 a 2010), corretora de fascículos para o EaD (2010 a 2011) e membro da banca avaliadora de redações de vestibular (2006 a 2010). Ministrou curso de extensão sobre Introdução ao Novo Acordo Ortográfico da Língua Portuguesa a docentes da rede pública de ensino da cidade de Taubaté (2009). Lecionou Língua Portuguesa e Literatura no ensino médio da Cooperativa Cultural e Educacional da Mantiqueira (2009 a 2011), em Campos do Jordão, onde implantou e implementou o Projeto de Iniciação Científica no ensino médio, desenvolvendo material de orientação a discentes. Elaborou material didático para o ensino superior do curso de Pedagogia, presencial e a distância, da Universidade Positivo (2012) de Curitiba. Tem participado de bancas de especialização do Centro Universitário de Curitiba. Suas pesquisas e participações em congressos, encontros científicos, seminários, entre outros, têm focado a educação, com base teórica na análise do discurso de linha francesa.

e-mail: nanciapal@ig.com.br

Sonia Aparecida Romeu Alcici é licenciada em Pedagogia pela antiga Faculdade de Filosofia, Ciências e Letras de Taubaté (1966), com habilitação em Administração Escolar, Supervisão Escolar, Orientação Educacional e Magistério. Mestre em Educação, Supervisão e Currículo pela PUC de São Paulo. Foi professora, diretora e supervisora de ensino da rede pública estadual de São Paulo. Professora titular de Administração Escolar da Universidade de Taubaté. Nessa mesma universidade, foi chefe do Departamento de Pedagogia, diretora do Instituto de Estudos Pedagógicos, pró-reitora de Extensão e vice-reitora. Foi membro do Conselho Estadual de Educação de São Paulo, de 1995 a 2007.

e-mail: salcici@yahoo.com.br

Apresentação

> *As novas tecnologias da informação e da comunicação transformam espetacularmente não só nossas maneiras de comunicar, mas também de trabalhar, de decidir, de pensar.*
>
> Philippe Perrenoud

O que são Tecnologias de Informação e Comunicação (TICs)? Como aplicá-las ao ensino? Como transformar a escola tradicional em uma escola compatível com uma sociedade em que predominam essas tecnologias? Para discutir essas e outras questões, esta obra aborda um tema sempre atual: o papel da escola e do professor no processo de ensino e aprendizagem mediado pelas tecnologias de informação e comunicação do século XXI.

Trata-se de um trabalho que nasceu da inquietação e dos questionamentos das professoras Sônia Aparecida Romeu Alcici, Nanci Aparecida de Almeida e Bárbara Alessandra G. P. Yamada e do professor Benedito Fulvio Manfredini, ante uma sociedade instrumentalizada e dominada pela revolução tecnológica e uma escola ainda atrasada e sem saber o que fazer com essas novas tecnologias.

Para partilharem suas reflexões, o autores organizam a obra em quatro capítulos: Capítulo 1 – A escola na sociedade moderna; Capítulo 2 – Os diferentes aspectos da linguagem na comunicação; Capítulo 3 – Ruptura de paradigmas no uso das tecnologias; Capítulo 4 – Tecnologias de informação aplicadas na escola.

Na Introdução, a professora Nanci Aparecida de Almeida contextualiza o universo em que essas discussões se inserem: a urgente transformação no processo de ensino e aprendizagem numa sociedade contemporânea, impulsionada pelas tecnologias da informação. Pelos objetivos que norteiam esta obra, introduzidos pelos verbos alertar, desmistificar, discutir, debater e refletir, o leitor já poderá perceber o tom principal que encontrará nos textos: uma reflexão pedagógica e técnica.

No primeiro capítulo, "A escola na sociedade moderna", a professora Sônia Aparecida Romeu Alcici apresenta-nos um panorama da atual situação da instituição escola, incitando-nos a rever nossa prática docente por meio de uma reflexão sobre a função social da escola e dos atores envolvidos no processo ensino e aprendizagem, as práticas tradicionais em comparação com as práticas atuais de ensino, nas quais estão inseridas – ou deveriam estar – as novas tecnologias da informação e da comunicação, considerando que vivemos em uma sociedade que se faz representar pela informação dinâmica e, ao mesmo tempo, fugaz. A questão central para tal reflexão é como adequar a escola tradicional à escola atual: adequar uma escola que coloca o conhecimento escolar como eixo centralizador no processo de ensino a uma escola moderna, cujo acesso à informação ocorre pelo uso de recursos tecnológicos sofisticados e de última geração. Como afirma a autora, é preciso um novo olhar, que faça uma leitura mais profunda e abrangente da importância da educação na sociedade moderna. Por isso, para a educadora, a escola precisa "[...] rever sua função social, os seus procedimentos, as suas relações com a sociedade". Na verdade, suas palavras nos levam a crer que nós, professores, também precisamos rever nossos objetivos, nosso papel na escola, nossa relação com os alunos, uma vez que devemos estar em contínua formação. Como conclui a educadora, essa revisão de papéis levará à competência profissional. Com essa reflexão, a autora procura fazer um resgate dessa sublime profissão e desse humano profissional, atualmente tão desvalorizado. Se seu objetivo é provocar uma reflexão no leitor, propiciando um novo olhar sobre o papel da escola e do professor no século XXI, de fato instiga e estimula à participação no processo educacional e à busca pelo aprimoramento.

No segundo capítulo, "Os diferentes aspectos da linguagem na comunicação", enveredamos pelas trilhas – e tramas – da linguagem, a mais espetacular tecnologia humana, estimulados pelas palavras da professora Nanci Aparecida de Almeida. Nessas trilhas, a autora expõe e discute conceitos básicos referentes ao uso da língua portuguesa e seus diferentes aspectos no processo comunicativo e interacional, como os conceitos de linguagem oral e escrita, de variações linguísticas e de variação criptográfica, discussão que considera essencial em razão do surgimento da escrita digital, considerando a influência das novas tecnologias na relação professor/aluno/escola, e à importância da linguagem como forma de interação, uma vez que se torna um instrumento transformador da sociedade, a começar pela transformação interior do ser humano. Como não ressaltar, diante desses aspectos, a importância da escrita, se esta é considerada por muitos uma tecnologia mais importante que o computador? Trata-se de uma bela reflexão de quem conhece essas trilhas e domina suas tramas, cuja clareza permite que o leitor faça uma leitura fluida e agradável.

Em "Ruptura de paradigmas no uso das tecnologias", terceiro capítulo, o professor Benedito Fulvio Manfredini procura apresentar formas de transposição dos obstáculos que podem limitar o trabalho do professor no ambiente escolar. Sua intenção é fornecer subsídios ao trabalho docente, frente à grande resistência destes ao uso das tecnologias da informação e comunicação, para, assim, tornar as aulas "interativas e criativas". Para Manfredini, o professor não deve excluir as novas tecnologias do contexto escolar, e sim vencer os preconceitos e procurar conhecer e dominar tais ferramentas. Para tanto, levanta algumas questões sobre o papel do professor e apresenta algumas "dicas" para o uso dessas ferramentas. Como um *expert* no assunto, o autor empresta sua experiência profissional na área das tecnologias da informação e da comunicação e põe na prática a teoria. Se o essencial é romper paradigmas, o único que pode romper o paradigma da aversão às novas tecnologias é aquele que tem a aversão: o professor. Nesse sentido, esse texto auxilia e, de forma categórica, expõe um novo paradigma.

Por fim, o quarto capítulo, "Tecnologias de informação aplicadas na escola", escrito pela professora Bárbara Alessandra G. P. Yamada e pelo professor Benedito Fulvio Manfredini, tem como objetivo apresentar alguns fatores das novas tecnologias na área educacional. Os autores organizam o capítulo com explicações e descrições de alguns tópicos, como tecnologia, internet, webquest e podcast. Para eles, é de suma importância conhecer e aplicar esses recursos e, também um grande desafio, principalmente na área educacional, para que "[...] o ensino e a aprendizagem possam realmente ser aprimorados".

Sem dúvida, temos nesta obra um trabalho sério e dedicado não apenas de professores, mas também de educadores com larga experiência, preocupados "[...] em refletir pedagógica e tecnicamente sobre alternativas que possam contribuir para viabilizar o ensino [...]", nas palavras introdutórias da professora Nanci Aparecida de Almeida. Comprometem-se, em seus textos, a objetivos sérios e relevantes, promovendo uma rica reflexão sobre a prática pedagógica aliada à tecnológica. Constitui-se, assim, em uma valiosa contribuição à área educacional. Por isso, navegar nas novas tecnologias é preciso, refletir sobre essa ação é preciso.

Professor Dr. Orlando de Paula

Introdução

Escrever um livro não é uma tarefa fácil, principalmente quando se tem como foco o ensino. Essa tarefa torna-se ainda maior, um desafio mesmo, quando consideramos a educação na cena contemporânea.

Nas últimas décadas, ocorreram inúmeras mudanças na educação, devido a exigências de um novo milênio que estava para chegar. E refletir sobre a educação é pensar acerca da sua importância e do seu sentido, uma vez que os novos tempos carecem de uma educação diferenciada na busca pela excelência.

Uma dessas mudanças é a agregação do "milagre" tecnológico, que tem se constituído numa preocupação das instituições de ensino – levar a tecnologia, hoje tão acessível, aos ambientes educacionais. A sociedade da informação é impulsionada pela tecnologia, na qual a criatividade e a interatividade são aspectos primordiais, indispensáveis e atrativos.

Concretizar essa mudança qualitativa tem sido uma constante nas escolas, tanto na rede particular quanto na rede pública. Contudo, verifica-se, lamentavelmente, que nessa nova sociedade não aprendemos ainda a lidar com as ferramentas disponibilizadas pelas Tecnologias de Informação e Comunicação (TICs) e a colocá-las a serviço do ensino-aprendizagem, explorando todas as possibilidades de cada uma.

Fazer uso das TICs como meio é incorporar instrumentos que passam a ser uma excelente via, pela qual diferentes conhecimentos podem chegar à sala de aula. Os aspectos interativos que as TICs oferecem são atraentes e as possibilidades são muitas.

Portanto, é premente uma transformação no ensino. Nós diríamos que "é para ontem" (re)considerar e (res)significar as práticas docentes segundo um novo paradigma, equilibrando o ensino presencial e a tecnologia disponível. Conhecer, aprender, ensinar, integrar o humano ao social são aspectos que fazem parte desse processo, são ações que nos levam a uma nova forma de comunicação.

Cabe ao docente encontrar a forma mais adequada de integrar as TICs aos procedimentos metodológicos, uma vez que elas fazem parte genuinamente dessa sociedade da informação, constituindo-se, portanto, na realidade do aluno. Experimentar uma nova prática, perceber que o velho paradigma já não atende aos objetivos educacionais é um ato de coragem e bom-senso.

É preciso que o professor esteja preparado para aderir a essa nova realidade, sem deixar de ser um referencial para o aluno. Para tanto, faz-se necessário que o educador se fascine pelo novo, tenha uma postura desarmada e aberta e se aproxime mais da realidade daquele que orienta, contribuindo assim para, também, construir relações afetivas mais autênticas.

Assim, este trabalho, considerando os diferentes caminhos de se refletir acerca das TICs, objetiva:

- Alertar os que trabalham com o ensino sobre uma realidade que não se pode ignorar, pois a escola presta serviços à sociedade, sendo o conhecimento o seu eixo centralizador.
- Desmistificar o medo do novo, a complexidade intransponível e a resistência às novas tecnologias.
- Discutir o impacto que elas causaram (e ainda causam) no meio educacional, na relação do saber com a sua aquisição.
- Debater as formas de capacitação do professor no sentido de usá-las no ensino, privilegiando-as na construção do conhecimento.
- Refletir sobre a atuação responsável e crítica do professor.
- Discutir o desafio de buscar alternativas para um ensino melhor.

À medida que as TICs avançam no processo de educação, faz-se necessário ressignificarmos o espaço escola, que deve ser cada vez mais flexível. Corroborando essa realidade, o estado de São Paulo criou, por meio de um projeto de lei, a quarta universidade paulista – a Universidade Virtual do Estado de São Paulo (Univesp), o que vem ajudar a mudar um quadro em que pouco mais de 10% da população em idade adulta tem nível superior. Essa instituição pública nasceu para expandir o ensino superior, associando-o às TICs e colocando-o na era do conhecimento tecnológico.

Diante de tais considerações, no transcorrer de nosso trabalho, preocupamo-nos em refletir pedagógica e tecnicamente sobre alternativas que possam contribuir para viabilizar o ensino, permitindo assim atender às necessidades adaptativas que o dever social impõe à escola.

Vale ressaltar que fomos instigados com este livro a dar contribuições que possam promover mudanças no sentido de pensar a educação com tecnologia, e não de disponibilizar uma receita curativa.

Nanci Aparecida de Almeida
Professora Mestre em Linguística Aplicada

Sumário

Capítulo 1 – **A Escola na Sociedade Moderna** 1

A sociedade moderna: sociedade da informação e do conhecimento 2
A escola na sociedade do conhecimento 6
As práticas pedagógicas atuais e as TICs 12
Professor: formação e qualidade do trabalho docente 17
Considerações finais 21
Bibliografia 22

Capítulo 2 – **Os Diferentes Aspectos da Linguagem na Comunicação**......23

As especificidades da língua oral e da língua escrita 24
    Variedade linguística 27
    Variedade criptográfica 29
Escrita manual *versus* escrita digital..33
A influência das novas tecnologias na escola 36
    Propostas que podem ajudar em uma nova condução...............................39
A linguagem como base para a formação do cidadão contemporâneo............44
Considerações finais 46
Bibliografia 47
    Sites consultados 47

Capítulo 3 – **Ruptura de Paradigmas no uso das Tecnologias** 49

Vencendo resistências no uso das TICs na educação..49
Cuidados com os aprestos na utilização das TICs no ambiente escolar............57
Como tirar proveito das redes de relacionamento na educação 61

Agregando e desenvolvendo competências para gestão das TICs 64
    A formação do indivíduo 64
    Liderança, motivação e formação de equipes 66
    Formação da identidade e cultura organizacional 67
Inovação disruptiva na escola 69
Considerações finais 73
Bibliografia 74

Capítulo 4 – Tecnologias de Informação Aplicadas na Escola 75

O que é tecnologia? 77
Internet: origem e funcionamento 78
    Serviços disponibilizados pela internet 80
Vantagens do uso da internet na educação 84
    Webquest 86
    Podcast 92
    Ferramentas educativas 94
Considerações finais 95
Bibliografia 95

CAPÍTULO 1

A Escola na Sociedade Moderna

Sonia Aparecida Romeu Alcici

Ai daqueles que se mantiverem à margem da história, apegados à rotina do passado e indiferentes aos avanços da humanidade. Engajados no hoje, no aqui e no agora, perderão a oportunidade de interferir na construção do futuro. Abrir mão de sonhos e da coragem de investir no amanhã é começar a morrer.
A autora

Vivemos, hoje, um período de transformações sem precedentes na história da humanidade. Os avanços tecnológicos e científicos provocam profundas alterações no modo de vida das sociedades modernas, alteram as relações econômicas, políticas, sociais e culturais e aumentam progressivamente a dependência dos países, dos governos, das empresas e dos indivíduos em relação ao conhecimento.

Nesse contexto, em que a informação e o conhecimento são condições essenciais para o exercício pleno da cidadania, a função social da escola tem se constituído em objeto de intensos debates e questionamentos na busca de um paradigma de organização escolar que melhor atenda às necessidades do mundo moderno.

Como instituição social, a escola é historicamente situada e, portanto, está sujeita às mesmas influências e transformações que afetam a sociedade como um todo. Para manter-se eficiente e eficaz e prestar o serviço adequado que a sociedade espera dela, não pode estagnar nem ignorar os avanços que marcam o mundo contemporâneo.

Assim, é hora de rever as práticas tradicionais e encontrar uma nova forma de fazer a educação, sem perder de vista a essência do papel da instituição escolar, que permanece, apesar das profundas mudanças na sociedade: proporcionar um ensino de qualidade e preparar os indivíduos para o exercício pleno da cidadania, de modo que todos possam participar e usufruir dos bens que a cultura moderna proporciona, ser competitivos e capazes para o exercício de uma atividade profissional que lhes garanta o sustento e a dignidade e, desse modo, realizar-se como pessoas.

Como situar a escola no contexto social, redefinir o seu papel, rever os seus objetivos, delimitar suas possibilidades e desenvolver novas formas do fazer pedagógico, incorporando as conquistas proporcionadas pela moderna tecnologia, são questões que pretendemos discutir neste texto, com destaque para a importante contribuição dos professores e profissionais da educação em geral, que são os principais agentes de mudança da escola.

A sociedade moderna: sociedade da informação e do conhecimento

A sociedade moderna é dominada pela tecnologia. Por mais elementar que seja o problema a resolver no nosso cotidiano (em casa, no trabalho, na vida social, na escola), dependemos de algum equipamento tecnológico. Temos máquinas para lavar a roupa, lavar a louça, cozinhar, limpar o pó; usamos telefones fixos e móveis, fax; a maioria das casas tem um computador conectado à internet. Se vamos ao banco, dependemos de caixas eletrônicos para movimentar nosso dinheiro, as lojas nos oferecem cartões de crédito – o dinheiro de plástico –, comunicamo-nos por meio de redes sociais. Enfim, toda essa parafernália passou a fazer parte da nossa vida e incorporou-se a ela de tal maneira que não concebemos mais viver sem esses recursos, que, se de um lado facilitam o nosso dia a dia e nos fazem economizar tempo, de outro, exigem de nós uma atualização constante e disposição para dominar toda essa tecnologia se não quisermos ficar à margem do nosso tempo. Do mesmo modo que é possível, com o simples toque de um botão, trazer o mundo para dentro de casa, é necessário que estejamos preparados para viver nesse mundo, selecionando e assimilando as informações e nos adaptando constantemente às mudanças que afetam, direta ou indiretamente, a nossa vida.

Sem muito esforço, podemos observar que, ao longo da história, o homem tem se empenhado em criar os mais diversos meios e as mais diversas ferramentas para melhorar o seu padrão de vida, buscando aumentar o seu domínio sobre a natureza e facilitar a satisfação de suas necessidades, providenciando, também, a comunicação de suas criações às novas gerações. As conclusões a tirar de todo esse processo são complexas e pouco exatas, pois, se de um lado essas inovações conferem um melhor modo de vida, como a melhoria dos transportes, da moradia, da alimentação, da saúde, das comunicações, de outro, são precisamente essas produções que acarretam os maiores outros tantos males que nos atormentam a vida.

Evidentemente a sociedade não é nem nunca foi um elemento estático, muito pelo contrário, está em constante transformação, variando apenas a intensidade com que essas transformações ocorrem nos diferentes momentos históricos. Considerando o momento em que vivemos, podemos dizer que a sociedade está inserida num intenso processo de mudanças, muitas das quais se devem às inovações científicas e tecnológicas. Alguns autores identificam um novo paradigma de sociedade que se baseia num bem precioso, a informação, atribuindo-lhe várias designações, dentre elas a sociedade da informação ou sociedade do conhecimento.

Esse novo modelo de organização das sociedades está fundamentado num modo de desenvolvimento social e econômico, em que a informação, como meio de criação de conhecimento, desempenha um papel fundamental na produção de riqueza e na contribuição para o bem-estar e para a qualidade de vida dos cidadãos. A condição para a sociedade da informação avançar é a possibilidade de todos terem acesso às Tecnologias de Informação e Comunicação (TICs), presentes no nosso cotidiano e que se constituem em instrumentos indispensáveis às comunicações pessoais, de trabalho e de lazer.

Somos obrigados a reconhecer que esse desenvolvimento trouxe um dinamismo crescente, jamais imaginado antes, às sociedades contemporâneas.

A Sociedade do Conhecimento tornou a vida do homem trepidante, agitada e exigente. Nada é definitivo, pronto ou acabado, tudo é incerto e está sujeito a um processo intenso de mudanças e inovações. No campo material, a transitoriedade das coisas é tão grande que, num curto espaço de tempo, tudo se torna ultrapassado, obsoleto e exige substituição rápida. Da mesma forma, nos aspectos não materiais, a transitoriedade está presente provocando a revisão constante das formas de relacionamento, dos valores, das normas de conduta, das crenças, dos princípios éticos. Isso tudo traz certa insegurança e põe em dúvida as convicções, com constante desprestígio do tradicional em benefício do novo e do moderno. Como não poderia deixar de ser, as formas de relacionamento social são profundamente afetadas por esse contexto, principalmente no que se refere às diferentes gerações, ou seja, às relações entre adultos e jovens, pais e filhos, professores e alunos, causando uma certa perplexidade nos adultos, que muitas vezes não sabem como lidar com as diferentes formas de agir e reagir dos mais jovens.

A tecnologia e a competitividade do mercado promovem profundas alterações no dia a dia das pessoas e requerem adaptações rápidas e variadas. Temos de estar preparados para esse ritmo vertiginoso da vida, muitas vezes alterando as escolhas profissionais feitas, os ideais planejados e optando por novos caminhos para sobreviver e vencer neste mundo tão cambiante.

A nossa sociedade é caracterizada por acentuada divisão social do trabalho, espantoso aumento da produção e do consumo, articulação dos mercados nacionais (globalização) em um mercado mundial e um rápido e violento processo de desenvolvimento humano. O espantoso aumento da produção e do consumo, duas faces da mesma moeda, gera uma demanda por bens e serviços sequer imaginada por nossos avós.

Com efeito, o mundo atual é marcado por intensas transformações econômicas, políticas, sociais e culturais, que decorrem, sobretudo, dos avanços tecnológicos, da reestruturação do sistema de produção e desenvolvimento, da compreensão do papel do Estado, das modificações nele operadas e das mudanças no sistema financeiro, na organização do trabalho e nos hábitos de consumo.

Pela importância que a ciência e a inovação tecnológica adquirem nessa nova realidade mundial, os estudiosos foram levados a denominar a sociedade atual de sociedade do conhecimento, de sociedade técnico-informacional ou tecnológica, o que significa que o conhecimento, o saber e a ciência assumem papel muito mais destacado que em momentos históricos anteriores.

As decorrências desse cenário são sobejamente conhecidas e sentidas por todos nós. À medida que a cultura da humanidade se tornou mais complexa e os conhecimentos se multiplicaram, as expectativas da sociedade se sofisticaram e sua satisfação ultrapassou os limites da competência individual. Dependemos cada vez mais uns dos outros para resolver os nossos problemas e satisfazer nossas necessidades.

A divisão do trabalho social levou a uma crescente especialização de grupos e indivíduos, estabelecendo uma interdependência insuperável. Vivemos em organizações, gastamos a maior parte do nosso tempo em organizações, quer como membros (no trabalho, na escola, na vida social e cívica, no lazer, na igreja), quer como clientes, pacientes, consumidores, cidadãos. Dependemos de organizações para a solução do mais simples dos nossos problemas cotidianos.

Acrescente-se a isso tudo o fato de que a concentração de grandes contingentes humanos nos centros urbanos trouxe, no seu bojo, um desafio enorme para os governos, que devem providenciar as condições adequadas de segurança, moradia, transporte, trabalho e atendimento à saúde e à educação para todos, em nível satisfatório. Todas essas necessidades exigem o esforço coletivo para sua satisfação, envolvendo principalmente o poder público e tornando os indivíduos dependentes uns dos outros.

É justo e desejável que todos os cidadãos participem igualmente dos bens e das conquistas que caracterizam nossa cultura e usufruam dos mesmos benefícios. No entanto, nos tempos modernos, as solicitações crescem na razão inversa das possibilidades de atendimento. Os conflitos oriundos da insatisfação e da disputa por bens e serviços não disponíveis em quantidade e qualidade suficientes são previsíveis e inevitáveis, gerando as tensões sociais tão comuns em nossos dias.

Na sociedade do conhecimento, a educação é vista e sentida como uma necessidade para o desenvolvimento e para a melhoria da qualidade de vida de um povo. Tanto é que o Programa das Nações Unidas para o Desenvolvimento (PNUD), ao classificar as condições de vida das populações do mundo, se utiliza da análise comparativa do Índice de Desenvolvimento Humano (IDH) das nações, que engloba três dimensões: riqueza, educação e esperança média de vida. Não resta dúvida de que há uma estreita correlação entre essas três dimensões, uma vez que cada uma delas interfere no desenvolvimento das outras duas.

O grande desafio que se apresenta para a sociedade do século XXI é garantir cidadania a todos os indivíduos, por meio de medidas sociopolíticas que assegurem o direito de acesso à informação e à educação para todos, proporcionando dignidade e sobrevivência a uma sociedade altamente competitiva. Até algum tempo atrás, uma educação elementar – restrita ao saber ler e interpretar textos, bem como dominar cálculos básicos de matemática – era obrigatória e suficiente para viver em harmonia e com bem-estar na sociedade. Esse cenário mudou, e as necessidades de qualificações profissionais aumentaram consideravelmente, passando a exigir do indivíduo competências e habilidades muito mais complexas para vencer na vida.

Para acompanhar as grandes transformações, as pessoas devem ter uma atitude flexível, com conhecimentos generalistas, e devem ser capazes de se formarem ao longo da vida de acordo com as exigências que despontam a cada momento. É para a formação desse cidadão moderno que a escola deve contribuir: pessoas com formação ampla e especializada, com espírito empreendedor e criativo, com grande capacidade para a resolução de problemas e com domínio das TICs.

A escola na sociedade do conhecimento

Como vimos, a complexidade do mundo fez com que houvesse transformações gerais em todas as situações, envolvendo todos os aspectos da vida: formas e oportunidades de trabalho, relações sociais e políticas, vida familiar, necessidades humanas, comportamentos, valores, aspirações e expectativas dos indivíduos.

Esses fatos, como é natural, atingiram também a educação, pois é por seu intermédio que os jovens integram o meio em que vivem e desenvolvem suas potencialidades, o seu eu.

Referimo-nos à educação em sentido amplo, ou seja, a todos os aspectos do ser em formação, cuja responsabilidade é da sociedade e das instituições que ela cria para atender aos inúmeros reclamos da vida moderna: família, igreja, clubes esportivos, clubes de lazer, organizações de saúde e assistência à infância etc.

Dentre essas instituições, uma se sobressai – a escola –, instituição criada para prestar um serviço que a sociedade julga importante – a educação escolar.

É fundamental reconhecer que o conhecimento passou a ser o eixo centralizador da sociedade moderna, e o acesso à informação não está mais na dependência do professor ou da escola. Ela está disponível em toda parte e sob todas as formas, infinitamente facilitada pelos meios de comunicação. Como ela está em qualquer lugar e a qualquer tempo, é preciso saber buscá-la e utilizá-la de acordo com as necessidades.

Nesse contexto, espera-se que o indivíduo aprenda a ser criativo, desenvolva a capacidade de participação, reflexão, crítica, autonomia pessoal, para apropriar-se do conhecimento disponível e saber utilizá-lo em benefício próprio e da coletividade.

Pode-se, então, concluir que a escola, profundamente afetada pelo contexto social e cultural em que se situa, assume uma característica diferente daquela de detentora do conhecimento. Sua missão social e seus objetivos são definidos consoante as expectativas e exigências da sociedade para a qual presta seu serviço, enquanto instituição social. A ela compete a responsabilidade, como elemento principal, da formação da juventude, quer pela sistematização do trabalho, quer pela subordinação a um sistema de ensino voltado para um padrão e uma forma de vida em conformidade com o regime político-social e filosófico do país.

Como acontece em todas as atividades humanas, as atividades escolares também visam um fim e, nas escolas, também há um condicionamento histórico.

A escola não se justifica "em si e por si mesma", mas "em" e "para" uma dada sociedade política, o que marca a dinâmica escolar. Portanto, o que ensinar, como ensinar, com que meios ensinar são questões cujas respostas se obtêm a partir da consideração da escola em seu momento histórico. Se genericamente a função da escola é oferecer condições para que o processo ensino-aprendizagem ocorra, a definição do **quê**, do **como**, do **para que**, do **por que**, do **por quem** e **para quem** depende de condicionantes históricos e sociais.

Convém ressaltar que, quando falamos em escolas, pensamos na instituição social, o que equivale a dizer "sistema escola", que tem por definição uma dinâmica que se desenvolve institucionalmente na dinâmica do sistema social.

Entendemos por sistema educativo o conjunto de instituições por meio das quais uma sociedade procura, conscientemente e de modo planejado, formar as ideias, os sentimentos e os hábitos de sua juventude. Como função do sistema social de que faz parte, não pode ser compreendido no vazio, isto é, desvinculado do conjunto das instituições de cada povo. Atentemos para as palavras de Coomonte (1999):

> Cada sociedade tem seu sistema educativo, aquele que precisa ter o que lhe é próprio, o que corresponde à idiossincrasia nacional do momento, sistema educativo este que entra em jogo com a dinâmica social de outros sistemas do conjunto dinâmico da sociedade (p. 52).

Nesse sentido, os sistemas escolares se orientam pelas políticas educacionais elaboradas pelos órgãos governamentais responsáveis pela educação no país.

De um modo geral, neste início de século, as políticas públicas em educação estão voltadas para duas tendências marcantes: quantidade e qualidade. Particularmente nos países em desenvolvimento, garantir a universalização da educação básica, facilitando o acesso às escolas a todos aqueles em idade própria, não é um pequeno desafio. Acrescente-se a este a busca da qualidade do produto da escola. A garantia da qualidade para todos é fundamental para o desenvolvimento, não só do ponto de vista social, como também da perspectiva econômica e da conquista de maior produtividade.

É o dilema que vive a educação brasileira: multiplicar as oportunidades educacionais quantitativamente e promover a qualidade do sistema escolar como um todo.

Como uma nação em franco desenvolvimento e almejando ocupar um lugar de destaque no mundo globalizado, entre os países que decidem os rumos da economia mundial, o Brasil precisa cuidar com muito carinho, entre outras coisas, da educação da sua juventude. No dizer de Mello (2000):

> A educação fundamental brasileira não vai conseguir responder aos desafios do terceiro milênio se continuar de costas para o futuro. Ela precisa dar uma volta de 180 graus e passar por uma profunda reformulação (p. 63).

Não se trata de apenas multiplicar as oportunidades e colocá-las ao alcance de todos os cidadãos. É preciso cuidar para que essa educação seja de qualidade, proporcionando a todos a inclusão no mercado de trabalho, para que tenham condições de competir e exercer plenamente a sua cidadania.

É fundamental um novo olhar sobre a educação e sua importância no mundo moderno. Trata-se de compreender que a crescente complexidade das sociedades modernas, resultante das conquistas tecnológicas e científicas e da intensificação do processo de comunicação no mundo, afeta intrinsecamente o sistema escolar, impondo-lhe novos compromissos e indicando novos rumos.

Nessa linha de raciocínio, Corvalán (1996) afirma que:

> Será preciso superar as dificuldades inerentes ao sistema educacional tradicional, tais como a inércia, a lentidão para assimilar mudanças, a falta de flexibilidade, a baixa qualidade e os modelos e metodologias educacionais inadequados; [...] será necessário melhorar a profissionalização, aumentar a vinculação entre educação e formação de recursos humanos para o ingresso na modernidade, reforçando a ligação entre educação e desenvolvimento científico e tecnológico (p. 46).

Para adequar-se a este momento, a escola precisa contar com profissionais competentes e preparados, capazes de desempenhar o papel que lhes cabe, de forma comprometida e com a qualidade educacional que a sociedade espera.

É preciso adequar a escola, seus espaços, seus equipamentos, suas propostas e seus currículos a essa nova realidade, bem como é imprescindível preparar os profissionais que atuam na educação para embarcar nessa nova aventura educacional e nesse novo contexto em que a instituição escolar se situa. Pensar o papel da escola nos dias atuais implica, portanto, levar em conta questões sumamente relevantes. É preciso criar condições para que ela não só conviva com outras formas de educação – não formal, informal e profissional –, como também se articule e se integre a elas, adequando seus objetivos e revendo o seu papel, a fim de contribuir para a formação de cidadãos mais preparados e qualificados para a vida. É preciso que ela quebre paradigmas e atualize o seu fazer pedagógico, incorporando os recursos tecnológicos e os modernos meios de comunicação e informação que caracterizam a cultura moderna e fazem parte do dia a dia dos alunos.

Como organização, a escola é responsável pela educação institucionalizada. É da sua competência a sistematização de ações educativas que se desenvolvam por meio da seleção de conteúdos culturais, que deverão ser transmitidos às gerações mais novas, e do desenvolvimento de atividades que priorizem comportamentos e habilidades valorizados pela sociedade e necessários para a inserção no mercado de trabalho.

A proposta educacional da escola deve expressar a sua preocupação em formar cidadãos que possam se integrar ao mundo do trabalho, convivendo em um meio que lhes permita, com possibilidade de relativa igualdade, usufruir dos bens naturais e dos bens produzidos pela sociedade.

A principal preocupação dos educadores deve ser prever, organizar e desenvolver conteúdos educacionais que contribuam para a formação de pessoas conscientes de seus direitos e deveres, capazes de exercer plenamente a sua cidadania, por meio do desenvolvimento de competências voltadas para a autonomia individual, para a capacidade de viver e trabalhar em grupo, para a aceitação do diferente, para o respeito ao coletivo e para o exercício de uma atividade profissional.

Tradicionalmente, a educação contentou-se em difundir os conhecimentos existentes, aos quais acrescentava uma pequena parcela de inovações científicas. Hoje, a noção de conhecimentos preexistentes, prontos e acabados, tornou-se fluida e se trata cada vez menos de inserir um currículo na cabeça do educando para prepará-lo para uma situação previsível. Trata-se muito mais de prepará-lo para que se insira num processo de transformação permanente. Já não é mais possível considerar um profissional competente pelos quatro ou cinco anos de universidade que ele frequentou. A posse do diploma não garante a empregabilidade para sempre. A competência se mantém com a atualização constante, com a busca pelo conhecimento e pelo estudo permanente, que permitem ao indivíduo manter-se competitivo e a par das novas conquistas de seu campo de atuação profissional.

Reconhecendo suas limitações enquanto instituição detentora do saber e, portanto, responsável pela sua transmissão, a escola deve rever seus métodos, suas formas de se relacionar com os alunos e com seu entorno sociocultural, seus paradigmas pedagógicos tradicionais e constituir-se em um espaço de desenvolvimento e criação do conhecimento, não apenas transmissão, com a utilização de todos os recursos tecnológicos disponíveis para formar o aprendente, investigativo, curioso, audacioso.

A sociedade moderna exige indivíduos flexíveis, capazes de se adaptar às mais diversas situações, críticos e cooperativos, que tenham autonomia e iniciativa pessoal para aprender e buscar cada vez mais conhecimento.

Criar espaços pedagógicos adequados a essa nova realidade exige a opção por formas mais dinâmicas e envolventes de ensinar e aprender. A forma de organização administrativa e pedagógica do nosso sistema de ensino, que ainda é predominante e que torna as mudanças lentas e insuficientes para corresponder às demandas da sociedade, deve ser substituída por modelos mais flexíveis e ágeis, que estejam mais de acordo com a realidade atual.

Se todo esse dinamismo da vida moderna traz certa dificuldade de adaptação para as gerações mais velhas, ela não existe para as novas gerações, que já nascem nessa cultura tecnológica e tudo lhes parece muito natural. Dominam o uso da tecnologia, superando, muitas vezes, a competência dos adultos nesse sentido. Mais do que isso, pensam, sentem e agem como parte desse mundo tecnológico.

É forçoso reconhecer que os alunos mudaram e que se encontram muito mais envolvidos pelo mundo tecnológico do que a geração adulta e que, se a escola não acompanhar essa evolução, estará fadada ao fracasso como instituição formadora da juventude.

As mudanças que têm ocorrido na nossa educação escolar são lentas e quase sempre dirigidas para o controle e a modernização da infraestrutura e para os processos de gestão. Só muito lentamente elas são incorporadas às práticas pedagógicas. Mudar é difícil e doloroso, pois significa abandonar o conhecido, o cômodo e assumir os riscos do novo. Nem todos se predispõem a essas aventuras.

Apesar da resistência institucional, as pressões pela mudança são cada vez mais fortes, e a utilização da tecnologia moderna em educação é irreversível, pois os recursos tecnológicos fazem parte da vida cotidiana de todos nós, e a escola é um aspecto da vida. As gerações que hoje chegam à escola já nascem num mundo dominado pela tecnologia e sentem, pensam, reagem, aprendem e se relacionam de acordo com os condicionantes do mundo em que vivem. A escola, para ter sucesso e cumprir sua missão na sociedade moderna, precisa estar preparada para receber essa geração e trabalhar eficazmente com ela.

Pela complexidade que envolve o conceito de educar, é preciso estabelecer com clareza os limites da atuação da escola, definindo sua missão e seus objetivos, tomando como base, principalmente, a própria Lei de Diretrizes e Bases da Educação Nacional (Lei 9.394/1996), que estabelece em seu artigo 1º:

> Art. 1º A educação abrange os processos formativos que se desenvolvem na vida familiar, na convivência humana, no trabalho, nas instituições de ensino e pesquisa, nos movimentos sociais e organizações da sociedade civil e nas manifestações culturais.
>
> § 1º Esta Lei disciplina a educação escolar, que se desenvolve, predominantemente, por meio do ensino, em instituições próprias.
>
> § 2º A educação escolar deverá vincular-se ao mundo do trabalho e à prática social.

Pela própria definição da Lei, vemos que compete à escola um aspecto da educação do indivíduo, aquele relacionado ao ensino e que pressupõe a existência de instituições próprias para esse fim. Na formulação da concepção do sistema de ensino brasileiro e de sua estruturação administrativa e pedagógica, a Lei enfatiza a necessária vinculação da educação escolar ao mundo do trabalho e às praticas sociais.

Historicamente, o sistema escolar brasileiro se volta para atender aos interesses de uma elite social, de origem aristocrática e, portanto, seletiva. Sua estrutura administrativa burocratizada e centralizadora sempre foi um grande obstáculo para a aproximação de medidas de caráter mais popular e adequadas às camadas mais básicas da sociedade. No início da nossa história, a educação escolar esteve sempre restrita a poucos privilegiados. A partir da segunda metade do século passado, quando ocorreram muitas mudanças econômicas, políticas sociais e culturais, decorrentes do crescimento do processo de urbanização e de industrialização, que se deu um período de maior expansão da educação pública, com o reconhecimento de que a escola representava uma condição importante para a modernização do país. Desde então, a oferta escolar tem se mantido em expansão, embora os problemas da escola pública ainda se acumulem e estejamos longe de conquistar a igualdade de oportunidades e a qualidade educacional para todos.

À medida que o conteúdo técnico dos mecanismos de produção da nossa sociedade se torna mais complexo, reforça-se a marginalização de quem não tem acesso a conhecimentos suficientes para dominá-lo. Aumentou, sem dúvida, no Brasil, o número de alfabetizados, e é inegável que a escolaridade fundamental foi ampliada para a população em geral. Contudo, essas conquistas, embora significativas, ainda são ridiculamente pequenas diante da constante atualização dos conhecimentos, necessários para uma participação real nos processos sociais. Em outros termos, a simples estagnação dos conteúdos e dos níveis de ensino, ou a sua evolução nos ritmos atuais, basta para reforçar os efeitos conservadores e marginalizadores da educação. Na realidade, o fato de a educação ser inadequada ao processo atual de modernização das nossas sociedades leva a um aumento das desigualdades sociais que tantos problemas nos trazem.

A superação dessas dificuldades implica encontrar alternativas e estabelecer estratégias diferenciadas que venham a atender a enorme demanda da sociedade, criando oportunidades e os recursos indispensáveis, principalmente onde as carências são maiores. A utilização dos modernos recursos tecnológicos e da comunicação de longo alcance se configura numa opção viável para superar barreiras e incrementar as formas de acesso ao sistema educacional, colocando-o ao alcance de toda a população. O desenvolvimento acelerado da Educação a Distância (EAD) nos últimos anos é uma evidência dessa afirmação.

As práticas pedagógicas atuais e as TICs

As grandes demandas por educação, que caracterizam a sociedade moderna, envolvem não apenas a escolarização inicial básica de todos os cidadãos, como também a formação profissional em nível básico e superior e a formação continuada com a utilização dos mais variados meios para manter o indivíduo competitivo e apto para o mercado de trabalho.

O reconhecimento dessa realidade levou à ampliação acentuada das oportunidades educacionais, com a multiplicação do número de escolas e de cursos para atender aos reclamos sociais. Num primeiro momento, o aumento da quantidade, em todos os níveis de ensino, com a utilização de diversificadas estratégias políticas e administrativas, resultou na multiplicação do modelo tradicional de escolas, com forte apelo conteudista e com a dependência da figura do professor como responsável pela comunicação do saber. Mesmo nas primeiras experiências de educação a distância, o modelo conteudista se repetiu, apenas substituindo a presença física do professor pelo material instrucional ou pelas teleaulas. Acrescente-se a isso que a demora do governo em estabelecer uma política consistente de educação a distância contribuiu para que se multiplicassem os cursos sem condições mínimas de qualidade, sendo vistos por algumas instituições como uma boa oportunidade de baratear os custos com a massificação do ensino.

O fenômeno mais facilmente observável, nos últimos tempos, na ordem escolar foi a imensa procura da educação básica, principalmente nos níveis de educação infantil e ensino fundamental. O número crescente de alunos de todas as procedências sociais fez com que os efetivos das escolas crescessem com extraordinária rapidez. As consequências se fizeram sentir no sistema como um todo. Evidentemente que, com o aumento significativo e acelerado do número de alunos e a insuficiência de equipamentos, são necessárias mais aulas, mais móveis, mais livros, mais material didático, mais prédios, mais manutenção dos prédios e equipamentos. No setor de **recursos humanos**, surge uma crescente demanda de professores que os cursos regulares de formação não estão em condições de atender. No setor de **currículos**, a situação torna-se mais crítica, pois se percebe a inadequação de uma escola cujos planos e programas haviam sido pensados para uma minoria tradicionalmente privilegiada, proveniente de famílias bem estruturadas e capazes de cooperar com o ensino escolar, e que agora se vê às voltas com uma massa de alunos de origem diversificada que não dispõem de apoio fora da escola. Estreitamente dependentes desse problema, surgem novas exigências no setor de **métodos e técnicas**, para atender a classes numerosas e de elementos diversificados.

Ao aumentar o número de pessoal, complicam-se as funções do setor de **administração**, requerendo-se, inclusive, novas distribuições de responsabilidades e modificando-se as relações interpessoais. Finalmente, é óbvio que o setor de **financiamento** sofre também o impacto dessas mudanças, cuja origem, inicialmente, é o aumento considerável do número de alunos atendidos pelo sistema.

Os resultados dessa realidade rapidamente se fizeram sentir. O desempenho dos estudantes brasileiros em avaliações nacionais ou internacionais, principal indicador do desempenho do sistema de ensino, deixou muito a desejar, colocando o país em situação de alarme ante ao mundo desenvolvido. As razões para esse fraco desempenho não foram difíceis de serem identificadas: escolas com condições precárias de funcionamento, corpo docente desmotivado e despreparado para enfrentar os desafios de uma pedagogia moderna, programas e projetos educacionais defasados, descontrole e falta de uma supervisão eficiente dos órgãos governamentais para garantir a qualidade da escola.

Reagindo a essa constatação, foram instituídas políticas públicas em todos os níveis da administração, visando à melhoria da qualidade do ensino. No entanto, é preciso ter clareza quanto ao que significa qualidade e compreender que, em relação à escola, ela não se condiciona a um único aspecto de seu funcionamento, mas a uma gama de fatores que vão desde a definição clara e lúcida de objetivos e metas a alcançar, passam pela adequação das instalações, equipamentos e recursos didático-pedagógicos, pelo preparo dos professores e demais integrantes da equipe escolar até o envolvimento da população com os projetos propostos.

É inegável que o uso das TICs na escola, principalmente com o acesso à internet, contribui para expandir o acesso à informação atualizada, permite estabelecer novas relações com o saber que ultrapassam os limites dos materiais instrucionais previamente preparados e sob o controle dos educadores, favorece a interatividade, permitindo a comunicação com o mundo. Eliminam-se, dessa forma, os muros que separam a escola da sociedade.

Não se pode esperar, no entanto, que as TICs funcionem miraculosamente como agentes de mudança, uma vez que não basta o acesso rápido a informações atualizadas nem a utilização de recursos tecnológicos que substituam a ação direta do professor. É preciso preparar a escola como um todo para viver um novo momento, para rever a sua relação com a sociedade.

O ponto essencial da questão para a mudança da escola não é a existência dos mais modernos recursos tecnológicos e da comunicação para a gestão ou para a prática pedagógica nas salas de aula, mas a forma como esses recursos serão utilizados, provocando mudanças na cultura organizacional e sendo incorporados à prática dos profissionais sob novos conceitos e sob nova visão do papel de cada um.

É importante ressaltar que tecnologias não se restringem a recursos sofisticados, como computadores, vídeos, internet e toda essa parafernália moderna. Não resta dúvida de que são as mais evidentes e que influenciam profundamente os rumos da educação, mas o conceito de tecnologia é muito mais abrangente. Quando falamos em tecnologia, os textos escritos, o giz, as revistas, os mapas são tecnologias. O professor criativo faz milagres com recursos modestos, o que deixa evidente que, muito além dos recursos, o que faz a diferença na qualidade do trabalho da escola é a competência de seus profissionais.

Reconhecendo a importância das TICs nos espaços escolares e sabedores de que as mudanças organizacionais só se concretizam quando os envolvidos dominam os conceitos e as práticas relacionadas à tecnologia, transpondo-os para o seu trabalho, o que, no caso do trabalho pedagógico, significa aplicá-los no cotidiano da sala de aula e da gestão escolar, devem ser planejadas e executadas medidas para dotar as escolas dos equipamentos necessários e para preparar professores e gestores para mudança tão radical, quer por meio de formação inicial, quer por estratégias de formação continuada ou em serviço.

A verdadeira função do aparato educacional não deve ser a de ensinar, mas sim a de criar condições de aprendizagem. Para Morin (2000), a verdadeira função do aparato educacional não deve ser a de ensinar, mas sim a de criar condições de aprendizagem. Embora as tecnologias de comunicação não substituam o trabalho especializado do professor, elas modificam e dão outro sentido a algumas de suas funções. De fato, a informação, hoje, pode ser buscada em bancos de dados, livros, sites de busca, estando à disposição nos mais variados meios e sob as mais variadas formas. Ao professor cabe o papel de estimular a curiosidade do aluno, levando-o a querer conhecer, pesquisar, buscar e selecionar a informação mais relevante.

Programas como DVD Escola, Banco Internacional de Objetos Educacionais, Portal do Professor, desenvolvidos pelo Ministério da Educação (MEC), colocam ao alcance dos professores material rico e variado para todas as áreas dos currículos da educação básica. No entanto, a utilização desses recursos esbarra na formação, no interesse, na disponibilidade dos educadores, permanecendo ignorados na maioria das escolas. Por outro lado, programas como Um Computador por Aluno ou Banda Larga nas Escolas enfrentam, além dos já mencionados, outros tipos de obstáculos. Em escolas mais carentes, onde a necessidade de mudança é maior, as condições materiais dificultam a utilização até mesmo de um aparelho de televisão, quanto mais a instalação da banda larga e a utilização do computador pelo aluno. Além do mais, muitos desses programas envolvem recursos financeiros significativos e, por isso, vão sendo postergados conforme as dificuldades surgem.

Num país de dimensões continentais como o Brasil, com uma grande porcentagem da população pouco escolarizada, políticas públicas que incentivem a educação a distância e a utilização dos recursos tecnológicos disponíveis podem contribuir para a inclusão social, econômica e política das populações marginalizadas, colocando o país nos rumos do desenvolvimento dos países do primeiro mundo.

Quaisquer que sejam as políticas adotadas para a melhoria das escolas brasileiras, visando colocá-las em consonância com os determinantes culturais do nosso século, os maiores recursos e as maiores preocupações devem estar, a nosso ver, voltados para a preparação dos recursos humanos. De nada adianta investir em recursos dispendiosos se as pessoas que devem cuidar deles não se interessam ou não estão preparadas para isso. Como profissional de escola pública estadual, na direção ou na supervisão, deparei-me muitas vezes com material pedagógico importante e caro, disponibilizado pelo poder público para utilização dos professores, o qual se mantinha trancado em armários com toda segurança para que não sumisse ou não fosse danificado, enquanto os professores não se interessavam por ele ou temiam ser responsabilizados por qualquer dano que apresentassem caso fosse utilizado.

O que devemos entender por utilização de recursos tecnológicos em educação?

Em sentido amplo, entende-se por tecnologia qualquer artefato, método ou técnica criados pelo homem para tornar seu trabalho mais leve, sua locomoção e comunicação mais fáceis ou simplesmente sua vida mais agradável e divertida. Nesse sentido, não é algo novo, da modernidade. Na verdade é tão velho quanto o próprio homem, visto como *o homo-criator*.

Pensando assim e amplamente, o emprego da tecnologia na educação existe desde sempre. A fala humana, a escrita e, consequentemente, as aulas, os livros, as revistas, os cadernos, os mapas, a lousa e o giz, além dos currículos e programas, são tecnologias e, portanto, vêm sendo utilizadas pelos educadores há muito tempo. O seu uso tradicional, incorporado à prática sistemática dos professores, os torna corriqueiros e, por conseguinte, tão naturais que deixam de chamar a atenção.

Nem todas as tecnologias inventadas pelo homem são relevantes para a educação. Para esse fim, são importantes as que estendem sua capacidade de se comunicar com outras pessoas, que aumentam seus poderes intelectuais, tais como sua capacidade de adquirir, organizar, armazenar, analisar, relacionar, integrar, aplicar e transmitir informação. É comum que as tecnologias que tenham sido inventadas para finalidades totalmente alheias à educação, como é o caso do computador, da TV, das calculadoras eletrônicas, possam ficar tão ligadas à educação que se torne difícil imaginar como era possível ensinar sem elas.

A expressão tecnologia na educação ressalta muito mais o **como** utilizar e **para que** serve o recurso do **que** e **o que** utilizar.

Embora o vertiginoso desenvolvimento da tecnologia no mundo moderno tenha afetado profundamente a educação, em particular a educação escolar e em especial no caso brasileiro, ela sempre esteve (e ainda está) atrelada a tendências conservadoras, presa a lugares e tempo determinados: prédios escolares, salas de aula, calendário rígido, grade curricular estruturada, normas centralizadoras e administração burocratizada. Toda essa realidade amarra as iniciativas para a modernização e acentua as formas mais tradicionais de atuação.

As mesmas dificuldades encontradas nas instituições de ensino básico para incorporação das TICs nas práticas pedagógicas verificam-se também nas instituições de ensino superior, onde são preparados os professores para a educação básica. Ainda predominam nas aulas as práticas conteudistas, tradicionais, centralizadas na figura do professor. As mudanças são lentas e as resistências, muito grandes. Podemos encontrar instituições muito bem equipadas, disponibilizando material moderno e ambientes adequados, mas a sua utilização ainda se faz de forma tradicional. Reforçamos, portanto, a ideia de que não são os recursos que mudam a escola, mas a forma como eles são vistos, e a postura pedagógica dos professores é que faz a diferença.

Essa realidade também é encontrada nos projetos de educação a distância. Talvez as resistências a eles e o descrédito que muitas vezes enfrentam se devam ao desconhecimento do que seja educar hoje com recursos que possibilitam a não presença física do professor e incentivam a autoaprendizagem dos alunos. Assim, muitos projetos deixam a desejar por reproduzirem com os recursos modernos de comunicação as práticas tradicionais das salas de aula, como substituir a aula expositiva do professor pela teleaula, o livro texto pelos materiais impressos do curso, as provas pelas avaliações presenciais escritas.

A importância do professor em qualquer forma de educação escolar e o papel central que desempenha em qualquer projeto de mudança da escola serão tratados no tópico a seguir.

Professor: formação e qualidade do trabalho docente

Investir na formação dos profissionais da educação significa focar a ação em dois momentos principais – a formação inicial nos cursos de licenciatura e a formação continuada, em serviço, que possibilite a atualização constante e os reposicionamentos do profissional como resultado da reflexão sobre a prática. É preciso ter a consciência de que a profissão docente, como, aliás, todas as outras profissões do mundo moderno, é uma profissão em contínua construção, dada a sua característica básica de transmissão e busca do saber.

Pensar na formação do professor, na sua qualificação é, sem sombra de dúvida, fundamental. E afora os planos emergenciais que têm como alvo uma situação presente angustiante, é preciso ainda cuidar para que os cursos de licenciatura sejam reformulados de acordo com os novos paradigmas da educação, garantindo, dessa forma, que os profissionais formados possam integrar regularmente o mercado de trabalho e ter a competência esperada para atuar na escola moderna de qualidade. É preciso cuidar ainda mais para que a preparação de professores seja considerada com responsabilidade, não permitindo que cursos ligeiros e pouco estruturados se constituam em atrativos para os alunos inicialmente e em fonte de frustração no futuro, quando perceberem que são discriminados, apesar da posse de um diploma regular. É competência dos órgãos reguladores dos sistemas de ensino zelar para que isso não aconteça.

Uma das características do nosso século é a pressão cada vez mais contundente da população para o acesso à educação escolar. Em consequência, as políticas educacionais adotadas pelos governos nos últimos tempos voltaram-se para a inclusão de segmentos sociais antes marginalizados no processo de escolarização, empregando esforços e recursos na ampliação do número de matrículas, particularmente na educação básica.

A inclusão ampla da população em idade escolar nos sistemas educacionais procurou traduzir anseios da sociedade por atitudes mais democráticas e de igualdade de oportunidades para todos os cidadãos, não só na vida escolar, mas também no exercício da cidadania. Essa situação levou as autoridades a adotar uma série de medidas que facilitassem o acesso à educação e multiplicassem as oportunidades à disposição da população. As medidas não se restringiram à educação básica, alcançaram também o ensino técnico e o superior, mediante a oferta de estudos subsidiados pelo Fundo de Financiamento ao Estudante do Ensino Superior (Fies), pelo Programa Universidade para Todos (Prouni), pela Bolsa Permanência, pela Universidade Aberta do Brasil, entre outros, medidas essas executadas diretamente pelo governo ou em parceria com universidades e empresas.

Políticas desenvolvidas com o intuito de universalizar a educação básica, inicialmente voltadas para o nível do ensino fundamental e, depois, estendendo a intenção à educação infantil e ao ensino médio, levou, como não poderia deixar de ser, a uma multiplicação imensa do número de escolas. Fatalmente a questão recaiu no número insuficiente de professores preparados para assumir os novos postos de trabalho.

Com a entrada em vigor da LDB, em 1996, uma nova questão surgiu. A Lei instituiu a Década da Educação e determinou que, em dez anos, todos os professores deveriam ter formação superior, ou seja, serem portadores de licenciatura plena. Os censos escolares mostravam que havia um grande número de professores em exercício que possuíam apenas a formação para o magistério em nível médio, que outros estavam lecionando disciplinas alheias à sua área de formação e que outros ainda, um grande contingente, não possuíam qualificação alguma para o magistério, eram leigos nas salas de aula.

A constatação dessa realidade levou as autoridades brasileiras a propor programas emergenciais para resolver a situação. Surgiram vários programas governamentais destinados aos professores em exercício, preponderantemente à formação de professores para as séries iniciais do ensino fundamental e para a educação infantil, numa parceria entre universidades e governos, com um forte estímulo para cursos na forma a distância. Até hoje, o número de estudantes dos cursos de licenciatura a distância supera, em muito, o de outros cursos, não só pela necessidade de adequar a formação do professor às exigências da lei, como também pelos atrativos que esses cursos representam em termos de maior flexibilidade e redução de custos em relação ao ensino presencial.

Para cumprir os dispositivos da LDB, na letra e no espírito, será necessário reformular os cursos de formação de professores, a fim de capacitá-los conforme os novos paradigmas curriculares para a educação básica. É preciso que os professores compreendam que, antes de serem especialistas nas diversas disciplinas, são educadores que participam da formação integral do indivíduo. Os cursos de licenciatura, que até hoje se dedicam a formar especialistas, devem se voltar para a formação docente de educadores. Não há como preparar adequadamente os docentes se, nos cursos de licenciatura, há uma completa desvinculação entre teoria e prática. Além do mais, a maioria dos cursos de licenciatura se desenvolve de modo tradicional, preparando professores para atuar em salas de aula presencial e com recursos tecnológicos limitados. É difícil compreender como esses professores podem mostrar eficiência em escolas onde a utilização das TICs seja uma realidade ou em instituições que ofereçam ensino a distância. É forçoso reconhecer que os alunos mudaram, que se encontram muito mais envolvidos no mundo tecnológico do que a geração adulta e que, se a escola não acompanhar essa evolução, estará fadada ao fracasso como instituição formadora da juventude.

Além disso, por mais que se cuide da formação inicial dos professores, ela não é suficiente para mantê-los competentes para toda a vida. As acentuadas transformações do mundo, a que nos referimos ao longo deste capítulo, se incumbirão de distanciá-los da realidade de seus alunos em pouco tempo. O professor que não se dispuser, durante toda a sua vida profissional, a se adequar a seu tempo e espaço ficará à margem do processo de desenvolvimento social. O treinamento em serviço e a formação continuada são as alternativas adequadas para a escola contar com pessoas competentes para planejar e executar a sua proposta pedagógica. Hoje, ultrapassamos a distinção tradicional entre a educação inicial e a permanente, aproximando-nos de outro conceito – o da sociedade educativa, na qual tudo pode ser ocasião para aprender e desenvolver os próprios talentos.

O Sistema Educacional Brasileiro, de um modo geral, vem atuando nesse sentido, embora ainda de forma tímida em comparação com as necessidades. A Política Nacional de Formação de Professores, instituída pelo Decreto 6.755/2009, consolidada pelo Plano Nacional de Formação de Professores, é um exemplo disso. É objetivo do Plano formar, nos próximos cinco anos, 330 mil professores que atuem na educação básica, que ainda não estão graduados. Para tanto, os cursos são oferecidos tanto na modalidade presencial como na modalidade a distância, pela Universidade Aberta do Brasil. A primeira etapa do plano se dedica à formação inicial dos professores. Uma segunda etapa refere-se ao plano de educação continuada.

Independentemente de ações governamentais de grande alcance, é necessário que cada escola cuide dos seus profissionais, oferecendo oportunidade para que desenvolvam capacidades de aprendizagem da relação, da convivência, da cultura, do contexto e da interação de cada pessoa com o resto do grupo, os seus semelhantes e a comunidade.

Para que o professor seja capaz de assumir o seu papel como agente de mudança na escola, é preciso, em primeiro lugar, que ele esteja preparado para isso, tendo recebido uma formação inicial adequada e se conscientizado de que a formação continuada é essencial para o seu progresso profissional. Em segundo lugar, é preciso considerar que uma das fontes de maior satisfação e revitalização profissional do professor é a geração de processos de aprimoramento coletivo, que se realiza em uma instituição educativa, em que realmente se articula a cultura e a convivência profissional entre os docentes.

No dizer de Colombo (2004), a preocupação com a formação permanente do educador deve, em sua ação mais específica, conseguir que todo o grupo da escola se comprometa com a qualidade de seu trabalho, os objetivos da organização escolar e a satisfação dos interesses da clientela. Só se pode esperar que o professor se interesse por desenvolver um trabalho de qualidade e se proponha a assumir o compromisso de refletir e rever continuamente a sua prática, se ele for ajudado a entender as transformações que a qualidade pode proporcionar.

Não resta dúvida de que a formação inicial do profissional da educação se dá nos cursos de licenciatura. No entanto, o problema não termina aí. Para viver e atuar no mundo de hoje, principalmente no campo profissional, é necessário estar aberto às mudanças e buscar a atualização constante dos conhecimentos geral e específico, das práticas que são altamente influenciadas pelas conquistas tecnológicas e estabelecer uma relação dialógica com o conhecimento e com as pessoas.

É preciso investir em formação continuada, em serviço, cursos paralelos e participação em atividades culturais, acadêmicas ou não, que enriqueçam o saber fazer do profissional. Essa deve ser a grande preocupação, tanto no âmbito das políticas públicas quanto no ambiente interno das instituições, por parte dos gestores educacionais.

Nunca é demais ressaltar que a formação continuada é importante em dois pontos de vista: o individual e o institucional. Para o profissional enquanto indivíduo, é interessante manter-se atualizado, produtivo e, assim, competitivo no mercado de trabalho. No tocante à instituição, representa a condição para melhorar cada vez mais o seu produto e corresponder às expectativas que a sociedade mantém em relação a ele, garantindo, assim, a sua condição de competência e respeito na comunidade. Cabe à escola, enquanto instituição, providenciar os espaços para constante reflexão entre os seus profissionais, quer propiciando-lhes condições para a frequência a cursos e demais eventos relativos à profissão, quer promovendo encontros, reuniões e orientações regulares com todo o pessoal envolvido, de modo a criar o espírito de corpo necessário para a execução de sua proposta pedagógica.

Considerações finais

Ao longo de toda esta exposição, ressaltamos que, no decorrer da história, a humanidade foi se transformando e modificando a maneira de proceder e resolver as suas questões de sobrevivência, sempre buscando, no final, a melhoria da qualidade de vida. Nos tempos modernos, essas mudanças têm sido muito mais intensas do que em qualquer outro estágio da vida na Terra, trazendo profundas consequências para a vida das pessoas. Apesar de muitas resistências, sabemos que acompanhar esse processo evolutivo é inevitável, embora não seja simples. Como dizia Heráclito, já no século V a.C., "nunca nos banhamos duas vezes no mesmo rio".

A enorme complexidade da vida moderna, como não poderia deixar de ser, atingiu também a escola que é coagida a rever a sua função social, os seus procedimentos, as suas relações com a sociedade.

Direcionamos as discussões para o impacto provocado pelo desenvolvimento acentuado das TICs, trazendo uma nova realidade para as relações com o saber e sua aquisição, o que afeta de modo cabal a função da escola, tradicionalmente encarregada da transmissão do conhecimento necessário ao ajustamento social e à produtividade dos indivíduos.

Consideramos que as questões levantadas tenham provocado reflexões relevantes sobre a mudança da escola, não só nos aspectos materiais, mas, principalmente, no preparo dos recursos humanos, para que os educadores não sejam meros espectadores, mas sim participantes do processo, e possam assim conduzi-lo de modo criativo e crítico.

Os próximos artigos abordarão novos ângulos de análise e trarão novas luzes para esclarecer a questão.

Bibliografia

AZANHA, J. M. P. *Educação: temas polêmicos.* São Paulo: Martins Fontes, 1995.
BRASIL. *Lei de Diretrizes e Bases da Educação Nacional.* São Paulo: Secenp, 2001.
COLOMBO, S. S. et al. *Gestão educacional: uma nova visão.* Porto Alegre: Artmed, 2004.
COOMONTE, A. V. Condições socioestruturais da escola. In: FERREIRA, N. S. C. *Supervisão educacional para uma escola de qualidade.* São Paulo: Cortez, 1999.
CORVALÁN, A. M. Reflexões sobre as políticas públicas de educação básica na América Latina. In: CONSELHO NACIONAL DE SECRETÁRIOS DA EDUCAÇÃO/CONSED. *Políticas públicas de qualidade na educação básica.* Brasília (DF): Consed/Unicef, 1996.
DEMO, P. Rupturas urgentes em educação. *Revista Ensaio.* Rio de Janeiro: Fundação Cesgranrio, v. 18, n. 69, p. 861-871, out./dez. 2010.
GATTI, B. A. A avaliação educacional no Brasil: pontuando uma história de ações. *Eccos – Revista Científica.* São Paulo, SP, v. 4, n. 1, p. 17-37, 2002.
_____. Políticas Públicas de Educação Básica no Brasil: acertos e erros dos últimos 15 anos. In: CONSELHO NACIONAL DE SECRETÁRIOS DA EDUCAÇÃO/CONSED. *Políticas Públicas de Qualidade na Educação Básica.* Brasília, (DF): Consed/Unicef, 1996.
MELLO, G. N. de. *Cidadania e competitividade: desafios educacionais do terceiro milênio.* São Paulo: Cortez, 2000.
MORIN, E. *Os sete saberes necessários à educação do futuro.* 2. ed. São Paulo: Cortez, 2000.
VIEIRA, A. T. et al. *Gestão educacional e tecnológica.* São Paulo: Avercamp, 2003.
VIEIRA, S. L. (Org.). *Gestão da escola: desafios a enfrentar.* São Paulo: DP Editora, 2002.

CAPÍTULO 2

Os Diferentes Aspectos da Linguagem na Comunicação

Nanci Aparecida de Almeida

A linguagem permite a interação humana e, portanto, não pode ser foco de preconceito, mas de transformação interior.
A autora

A comunicação humana, *grosso modo*, é um processo imperativo que faz parte da existência do homem e cujo fim é partilhar informações. Quando precisamos interagir com outras pessoas, centramo-nos de duas maneiras: na linguagem oral e na linguagem escrita.

O mundo e o ser humano evoluíram ao longo do tempo. Com a língua não foi diferente. A língua mudou e se adaptou aos usos inovadores do falante. Acompanhando essa evolução, o seu conceito perpassou as diferentes teorias linguísticas, que, embora não tenham apresentado consensualidade, contribuíram, principalmente nas últimas décadas, para atender a uma reconfiguração contemporânea da linguagem.

Essa reconfiguração realizada pela Ciência Linguística promoveu uma reformulação no ensino da língua materna. Apesar de algumas resistências, os estudos nessa área têm insistido em uma posição contrária ao pensamento gramaticalista e purista da língua, pois valorizar apenas esse pensamento pode causar prejuízo ao aprendiz no que diz respeito à sua competência linguística.

Com base em um trabalho sobre a linguagem, que observa e segue as discussões promovidas pela sociolinguística, neste capítulo serão feitas considerações sobre cada modalidade da língua e seus diferentes aspectos na comunicação; sobre variedade linguística – um fenômeno que promove mudanças renovadoras na língua; sobre uma revisão conceitual emergente diante do surgimento da escrita digital; sobre a relação das novas tecnologias com a escola, o que tem causado preocupação, gerado polêmica e promovido reflexões e discussões; sobre a importância da linguagem como instrumento transformador.

Tal postura é plausível, porque esse ramo da Linguística apoia-se em estudos que têm como foco a língua segundo a sociedade em que ela é falada, que entendem os empregos linguísticos como de caráter heterogêneo, que têm como objeto de investigação a dinamicidade da língua entendida como variação.

Além disso, a linguagem é considerada uma forma de interação que deve ser compreendida como um trabalho coletivo de propriedade sócio-histórica e que tem caráter funcional e poder transformador, embora outrora tenha sido vista como um instrumento passivo de comunicação, expressando algo que tinha existência autônoma.

As especificidades da língua oral e da língua escrita

Quando pensamos que todas as nossas ações estão permeadas pela língua (oral ou escrita) e que ela determina quem somos, fazendo parte assim da nossa identidade, não é à toa que lhe seja atribuída tanta importância.

Diante de tão estreita relação entre o falante e a língua, cabe fazer um exame, ainda que breve, sobre as suas modalidades, ponderando-se sobre a natureza de cada uma.

Os estudos linguísticos iniciais consideravam a modalidade oral como uma língua não planejada, fragmentada e voltada para as necessidades instantâneas do falante, enquanto a modalidade escrita, com base em uma gramática tradicionalista, era tida como uma língua planejada previamente, bem estruturada e elaborada, portanto se constituindo numa realização mais perfeita e pura. Diante de tal postura, à língua oral coube o desprestígio e à língua escrita, a valorização. Isso gerou uma crença equivocada de polarização (relação fundamentada no modelo estruturalista), equivocada porque, considerando que as situações comunicacionais exigem comportamento linguístico diversificado, a condição de produção de cada uma é diferente – daí dizer que são modalidades distintas. Elas se diferenciam por escolhas feitas pelo locutor, com base em alguns fatores, como o contexto, a intenção e o tópico, não podendo, assim, a língua escrita ser uma transcrição da fala. Assim, planteiam diferentes aportes para as situações de comunicação e devem ocupar lugar de coimportância. Dessa forma, não devem ser vistas como modalidades estanques, mas como manifestações que convivem, se entrelaçam e se completam. Há de se destacar ainda que as duas modalidades e os seus registros (formal e informal) devem ser entendidos como manifestações de um *continuum*, que se realiza no uso da língua e equivale a domínios que vão de um patamar mínimo a um máximo. Embora o sistema linguístico seja o mesmo para a construção de textos orais e escritos, eles são produtos diferenciados, cujas relações sintáticas são de outra ordem.

Diante do exposto, passemos a suas particularidades, a fim de perceber que ambas as modalidades não devem ser vistas como traços intrínsecos, mas como algo que decorre do uso e das circunstâncias enunciativas, e conhecer como se instaura o processo de produção de cada uma.

Na realização falada[1] (considerada uma variante mais espontânea e utilizada nas relações informais):

- Os enunciados são planejados no momento de sua execução, a partir do modelo tópico-comentário.
- O locutor conta com a presença do interlocutor no momento em que ambos se dispõem a abordar um tópico discursivo, o que permite o uso de expressões extralinguísticas (ritmo, silêncio, pausa, entonação) e a produção de frases mais curtas.
- Os marcadores convencionais (né, certo, sabe), embora vistos como vícios de linguagem, funcionam como articuladores textuais, que mantêm a interação entre locutor e interlocutor, auxiliando no processo (quase simultâneo) entre a elaboração do texto e a fala e conduzindo a narrativa.

Contudo, tal liberdade de composição não exime o falante de cumprir com alguns requisitos ligados à seleção vocabular, semântica, sintática e estilística.

---

[1] Entenda-se "realização falada" como "língua oral", na medida em que língua e fala, embora se impliquem mutuamente, são de esferas distintas – a primeira é da esfera social e a segunda, da esfera individual (um ato legítimo e natural do ser humano).

A língua escrita, criada tardiamente em relação à língua oral e usada paralelamente a ela, revolucionou o ato comunicativo e perpassou o tempo, desde os desenhos rudimentares registrados nas paredes das cavernas até o que conhecemos hoje como texto escrito. Passou a ter relevância na vida em sociedade, pois emergiu da necessidade do homem de ampliar a comunicação, e conferiu a essa prática uma forma de transmitir, com segurança, informações diversas e, até, poder, uma vez que as palavras podem mobilizar pessoas, pensando na relação das informações com a percepção de quem as lê.

A modalidade escrita:

- Sucede-se em um plano definido.
- Ocorre segundo uma estrutura regida, estabelecida por normas.
- Requer a construção de frases mais longas, com encadeamento mais lógico e complexo e mais esforço do emissor, afinal ele e o receptor encontram-se separados no tempo e no espaço.
- Requer manutenção de memória.
- Tende a ser mais conservadora e homogênea.
- Disponibiliza visualmente os enunciados.
- Está sujeita à revisão.

Diante das palavras de Bottéro e Morrison (1995), percebemos tal distinção:

> A escrita revolucionou a comunicação entre os homens e a qualidade das suas mensagens. O discurso oral implica a presença simultânea, no tempo e lugar, da boca que fala e dos ouvidos que ouvem. Não é feito para durar [...]; já o discurso escrito transcende o espaço e a duração: uma vez fixado, pode, por si mesmo, ser difundido por inteiro em todos os lugares e em todos os tempos, em toda parte onde encontra um leitor, bem além dos círculos obrigatoriamente estreito dos autores (p. 20).

Há de se considerar ainda a noção do gênero discursivo[2] (ou gênero do discurso), escolhido no momento da interação, que desempenha hoje papel central nos estudos linguísticos, mudando o conceito de língua e abrindo caminho para que se pense na língua como fundamento da vida em sociedade. Inteirar-se dessas diferentes feições de enunciados (orais e escritos), que se realizam com

---

[2] Gêneros discursivos, segundo Mikhail Bakhtin, são formas típicas de enunciados (falados ou escritos), que se realizam com finalidades específicas nas diferentes situações de interação social. Para saber mais, consulte a obra de Bakhtin indicada na bibliografia.

finalidades específicas, é conhecer as mais variadas condições de comunicação, o que acarreta múltiplas formas de verificar e praticar a língua.

Após essas considerações acerca da língua, cabe ainda salientar que, por não ser estática e estar em constante evolução[3], assume um caráter multiforme, ou seja, está sujeita a variações. Aliás, toda língua está sujeita a variedades (fato que é inerente ao fenômeno linguístico), que compreendem as diferentes formas de interação comunicativa entre os seus falantes.

Variedade linguística

Variedade linguística compreende os inúmeros falares (realidade da língua), que são percebidos com base na questão sintática, fonética, morfológica e lexical, como observa Faraco e Tezza (2003). É um fenômeno regular e sistemático, motivado pelas próprias regras do sistema linguístico.

Contudo, segundo Possenti (1996),

> As diferenças mais importantes entre os dialetos estão menos ligadas à variação dos recursos gramaticais e mais à avaliação social que uma sociedade faz dos dialetos. Tal avaliação passa, em geral, pelo valor atribuído pela sociedade aos usuários típicos de cada dialeto. Ou seja: quanto menos valor (isto é, prestígio) têm os falantes na escala social, menos valor tem o dialeto que falam (p. 28).

Apesar dessa realidade, não existem variedades mais simples do que outras, o que há são diferenças, que devem ser respeitadas e preservadas como construções simbólicas e representações da diversidade social, histórica e cultural, pois as linguagens utilizam-se de recursos expressivos próprios e expressam o universal e o particular na sua atualização. Nenhuma forma de expressão é em si mesma deficiente, mas tão somente diferente. Portanto, as variações ocorridas na língua devem ser estudadas e entendidas (preceitos da sociolinguística variacionista), não cabendo o preconceito, afinal todas as variedades são igualmente complexas e eficientes no exercício de todas as funções a que se destinam.

Muitos estudiosos apontam diferentes razões para as variedades ocorridas na língua. Pautemo-nos em três aspectos básicos: de ordem sociocultural, geográfica e histórica.

---

[3] O uso da palavra evolução pressupõe, nesse caso, uma nova fase em que novas ideias passam a prevalecer, segundo um sistema, uma ciência, e não desenvolvimento ou aperfeiçoamento, como sugere o seu significado.

O aspecto sociocultural agrupa fatores ligados a uma diversidade de uso decorrente, basicamente, de faixa etária, grau de escolaridade, gênero do falante (masculino/feminino) e nível sociocultural. Comunidades diferentes vivenciam experiências não semelhantes e isso se reflete nos sistemas linguísticos. Assim, cada comunidade fará uso do recurso linguístico que lhe foi apresentado no processo de aprendizagem para o estabelecimento da comunicação.

Pensando na língua materna, percebe-se que, como todas as outras, ela não é análoga em todo o território nacional. Tais divisões dialetais são percebidas não só em regiões distantes umas das outras, como também em localidades, muitas vezes, bem próximas. Um corretor líquido de texto, por exemplo, é assim chamado na cidade de Campos do Jordão/SP e identificado na cidade de Taubaté/SP (município a, aproximadamente, 50 km de Campos do Jordão) como "error-ex", cuja relação, neste último caso, é feita com a marca do produto. João Guimarães Rosa, em *Grande Sertão: Veredas*, livro escrito em 1956, já nos mostrava traços da variedade linguística ocorrida no sertão de uma mesma região do Brasil – a região Centro-Oeste –, quando elencou, em um trecho de sua obra, os vários nomes atribuídos ao diabo: "[...] satanás, santanazim, torto, xu, pé-preto, maligno, lúcifer, grão-tinhoso [...]", corroborando, assim, o aspecto multiforme da língua.

Esse aspecto geográfico, também conhecido como regionalismo, igualmente é percebido na questão de diferenças fonéticas (sotaques), que podem ser estigmatizadas, da mesma forma, como as diferenças lexicais e gramaticais.

Quanto ao aspecto histórico, a língua sofre mudanças graduais através do tempo, em virtude de vários fatores advindos da própria sociedade. Uma variante usada por um determinado grupo de falantes passa a ser adotada por outros, tornando-se assim uma norma. Há de se considerar que o novo pode se sobrepor ao antigo e vice-versa. Um exemplo desse aspecto é o pronome de tratamento "Vossa Mercê", criado para se estabelecer a comunicação com pessoas importantes (autoridades), fixando assim distanciamento, respeito e subordinação. Com o decorrer do tempo, o pronome transformou-se em você – uma contração da alocução "Vossa Mercê". Na crônica "Antigamente", de Carlos Drummond de Andrade, podemos observar também uma alusão a esse aspecto, quando o autor faz menção em seu texto a um vocabulário recorrente em uma determinada época no Brasil:

> ANTIGAMENTE, as moças chamavam-se *mademoiselles* e eram todas mimosas e muito prendadas. Não faziam anos: completavam primaveras, em geral dezoito. Os janotas, mesmo não sendo rapagões, faziam-lhes pé--de-alferes, arrastando a asa, mas ficavam longos meses debaixo do balaio.

E se levavam tábua, o remédio era tirar o cavalo da chuva e ir pregar em outra freguesia. As pessoas, quando corriam, antigamente, era para tirar o pai da forca e não caíam de cavalo magro. Algumas jogavam verde para colher maduro, e sabiam com quantos paus se faz uma canoa. O que não impedia que, nesse entrementes, esse ou aquele embarcasse em canoa furada. Encontravam alguém que lhes passasse a manta e azulava, dando às de vila-diogo. Os mais idosos, depois da janta, faziam o quilo, saindo para tomar fresca; e também tomavam cautela de não apanhar sereno. Os mais jovens, esses iam ao animatógrafo, e mais tarde ao cinematógrafo, chupando balas de alteia. Ou sonhavam em andar de aeroplano; os quais, de pouco siso, se metiam em camisa de onze varas, e até em calças pardas; não admira que dessem com os burros n'água [...].

Mesmo assim, tais diversidades não impedem a comunicação entre emissor e receptor. Driblando as diferenças, eles aprendem entre si outras formas de expressão, que só enriquecem o vocabulário da língua.

Segundo Bentes e Mussalim (2006), não são apenas as determinações motivadas por esses aspectos que regem a variedade linguística. Para as autoras, um mesmo indivíduo está sujeito a diferentes formas linguísticas, segundo as mudanças que ocorrem nas circunstâncias que sitiam a interação entre os falantes, como o contexto social, o tópico discursivo e a identidade do interlocutor.

Parece conturbador, mas a língua significa uma mudança em andamento que caminha com o nosso aval, na medida em que ela muda porque nós, os falantes, assim o desejamos.

Variedade criptográfica

Diante de uma nova possibilidade de comunicação, surgida em função das Tecnologias de Informação e Comunicação (TICs), a sociedade vive um contexto de significativas transformações, o que exige a criatividade do falante para dar conta de uma exigência que une interatividade e massividade, duas características decorrentes de um conglomerado de redes em escala mundial de milhões de computadores interligados – a internet –, que quebrou barreiras geográficas, democratizou a língua e fez emergir outras formas para o estabelecimento da comunicação. Disso resultou um novo paradigma – o de considerar um novo espaço para o estabelecimento das relações humanas. Esse espaço, chamado por uns de ciberespaço e por outros de espaço virtual, mesmo não sendo concreto (mas é real), revolucionou o que até então entendíamos como linguagem.

A linguagem praticada em espaços como blogs, MSM, facebook, twiter, entre outros, é uma forma de interação muito específica, que ainda não tem uma classificação própria, pois, embora ocorra por meio da língua escrita, apresenta características da língua oral. Para alguns estudiosos, é uma espécie de oralização da escrita; para outros, uma forma híbrida de linguagem, uma espécie de dialeto escrito com efeito oral. Isso porque tais meios comunicacionais correspondem a práticas em um formato hipertextual, que exigem rapidez condizente com a publicação e a recepção da mensagem, requerendo assim práticas que utilizem diferentes estratégias para o uso da língua.

Dessa forma, o falante desenvolveu um mecanismo diferente para fazer uso dos signos linguísticos. Esse dispositivo foi desenvolvido com base em criptogramas – textos cifrados que obedecem a um código e a uma lógica predeterminados para decifrar uma mensagem. Eles podem envolver letras, números, letras e números e símbolos gráficos.

Criptografia (do grego *kryptós*, escondido, e *gráphein*, escrita) é uma técnica antiga, por meio da qual a informação em sua forma original pode ser transformada em outra ilegível, de maneira que possa ser reconhecida pelo seu receptor. Desse método tradicional, surgiu então uma parametrização dinâmica como estratégia para uma comunicação específica – a dos ambientes virtuais.

Diante de um agente transformador, a escrita virtual surgiu com características voltadas para um espaço público e com objetivos múltiplos. Esse espaço contempla novos códigos, novos vocábulos e novas regras, que se distanciam da escrita até então conhecida. O suporte agora é um monitor.

Essa escrita é praticada por internautas, cuja faixa etária já não se restringe mais a apenas um público jovem. Suas características parecem não ser tão semelhantes, particularizando-se de um internauta para outro, embora se procure manter certo padrão. Conforme Marcuschi (2004),

> Aparecem muitas abreviaturas, mas boa parte delas é artificial, localmente decidida e não vinga. Essas abreviaturas são passageiras e servem apenas para aquele momento. Mas outras se firmam e vão formando um cânone mínimo que vai sendo reconhecido como próprio do meio (p. 63).

O que fica evidente, diante da pressa e da economia de tempo, é a sua forma reduzida, conhecida como "internetês"[4].

Por exemplo, para representar uma risada, existem algumas formas, como: **kkkkkk**, **kakakakakaka**, **rsrsrsrsrsrs** ou, ainda, **hahahahahaha**; algumas pa-

---

[4] Palavra-valise (ou amálgama): um vocábulo resultante da fusão de dois vocábulos, situação linguística em que um perde a parte final e o outro, a parte inicial. Trata-se de uma composição por aglutinação, designada frequentemente neologismo.

lavras são abreviadas segundo um mesmo modelo, como, por exemplo, você (**vc**), hoje (**hj**), também (**tb**), casa (**ksa**), muito (**mto**), entre outras. Essa técnica suprime algumas vogais ou todas, privilegiando as consoantes e procedendo-se, assim, a uma minimalização fonética.

Os dígrafos e os acentos também sofrem alterações. **Qu**, **ch** e **SS** são representados, respectivamente, por **k**, **x** e **c**. O acento agudo, embora raro nessa forma de escrever, é marcado pelo acréscimo da letra **h**, como em **ateh** (até), **soh** (só) e **jah** (já); o til, visto que o internauta "encontra dificuldade" em digitá-lo em alguns teclados, desaparece, mesmo que isso implique a digitação de outros caracteres, aumentando o número de "toques", como, por exemplo, nas palavras não (**naum**) e então (**intaum**). A pontuação também não é considerada, exceto a exclamação, porque, como interjeição, indica uma forma de exprimir com ênfase o estado de espírito.

Outros aspectos comunicativos são representados por ícones que demonstram emoção – emoticons. O uso dos emoticons indica o tom da mensagem, como ela dever ser lida, na medida em que a comunicação não é física. Assim como nas palavras, há também uma variação dessas "carinhas", feitas a partir dos caracteres disponíveis no teclado do computador. Elenquemos algumas:

@_____@	olho bem aberto
= B	dentuço
0_0	medo
=)	feliz
=D	muito feliz
=(	triste
='(	chorando
=*	enviando beijo

Mas essa invenção linguageira não se restringe somente a esses espaços. Ela está no telefone celular, no tablet e em outros aparelhos afins. Esteve até na televisão (em 2005), quando, na tentativa de aproximar o seu universo do universo do computador, o canal de televisão por assinatura Telecine Premium criou o Cyber Movie, para levar a linguagem da rede às legendas de filmes estrangeiros, buscando assim atingir um público jovem e conhecedor da linguagem praticada na web. O canal chegou a colocar no seu site um dicionário cyber, para auxiliar quem não estava familiarizado com essa linguagem e colher sugestões para novos termos. As críticas foram ferrenhas, e esse canal de televisão chegou a ser acusado de promover a contracultura.

Apesar de se estender a outro universo que não o virtual, percebemos que se trata de uma releitura do código linguístico, de um registro social, que se atém a gêneros digitais.

Mesmo assim, essa nova forma de "se escrever falando", que virou praxe entre os que passam horas ocupando os espaços virtuais, tem dividido opiniões entre os falantes e os estudiosos da língua, que a veem como uma ameaça ao bom português. Entretanto, trata-se de mais um ajuste às necessidades de uso da língua. É mais um caso de construção de identidade. É uma dinâmica natural da língua. No imaginário de senso comum, há uma tendência de ver a língua como uma realidade estática e homogênea, o que, como já vimos, não é uma verdade.

Tal reação diante do efeito que o internetês pode causar tende a ser preconceituosa, uma vez que essa forma reduzida é mais uma divisão dialetal, dentre tantas outras presentes na unidade territorial brasileira. Deve-se observar a perspectiva variacionista da língua, a fim de possibilitar ao falante o conhecimento do seu aspecto multiforme. Portanto, não cabe a intolerância ou a falta de apreço, mas o estudo e a compreensão.

Nas últimas décadas, os estudos linguísticos viabilizaram discussões e reflexões que procuraram defender as variedades não padrão. Segundo Possenti (1996), de acordo com a sociolinguística variacionista, os domínios da língua e da gramática são coisas distintas, pois a língua é naturalmente multiforme.

Diante de tamanha variedade, é preciso compreender que não existe uma forma certa ou errada de usar a língua no processo de comunicação. O certo ou o errado baseia-se em critérios sociais e situações de uso da língua, aos quais o falante deve se adequar e, portanto, não nos cabe uma postura de polarização, trata-se apenas de uma questão de diferenciação. Nada é definido de uma vez por todas, o que não permite que a língua permaneça inalterada, fixa ou estática.

Há também de se levar em conta que o falante tem consciência de que, para obter êxito na comunicação, precisa se adequar às diferentes situações de uso da língua. Assim, não é comum o uso desses recursos abreviativos na produção de alguns gêneros, tais como: currículo, requerimento, poemas, contos etc.

Diante disso, não se deve entender que o ensino e a assimilação da norma culta (uma variedade linguística) devam ser desprezados e, em lugar disso, instituir-se uma espécie de "vale tudo" ou "tudo pode". Pelo contrário, o estudo da língua não deve ser desvinculado da gramática (estrutura da língua). Embora a norma padrão tenha através dos anos se cristalizado como a mais valorizada, é preciso ter em mente que a língua é resultado de uma complexa evolução histórica, sujeita a um conjunto de tendências, em função das quais os conteúdos gramaticais sempre podem ser modificados.

Escrita manual *versus* escrita digital

Um embate?

Por meio de considerações sobre uma cultura milenar (escrita manual), que se instituiu com solidez diante de fenômenos relacionados com a visualização, e sobre um fenômeno cultural emergente (escrita digital), que atende a uma nova configuração de comunicação, tentar-se-á responder a essa questão.

O ser humano sempre usou símbolos para expressar suas ideias e registrou suas impressões em vários suportes, como parede, objetos de barro, pedra, madeira, papiro, pergaminho e papel. Dessa forma, o homem difundiu informações e construiu conhecimentos. A esse tipo de comunicação por sinais e convenções (nem sempre alfabético), damos o nome de Sistema de Escrita.

Historicamente, a escrita passou por um período de evolução, à medida que a comunicação se fazia necessária e mais abrangente, e muitos povos contribuíram para a sua transformação gradual e progressiva, como os egípcios, fenícios, gregos, romanos, árabes, entre outros.

Conquistou credibilidade, estando presente nos manuscritos religiosos e nas escolas "da arte de escrever bem", cujos mestres escribas[5] ensinavam outros modelos caligráficos por meio de uma formação rigorosa, e foi o ofício dos monges na Idade Média – copistas[6].

Tal foi a sua importância, que configurava a cultura de uma pessoa, sua formação e sua classe social, chegando a permanecer assim até as primeiras décadas do século XX.

Como corresponde a uma tecnologia sujeita a diferentes técnicas, a escrita é estudada por uma ciência geral (não exata) – Grafologia –, que revela a forma

---

[5] Na Antiguidade, o escriba (ou escrivão) era uma classe muito importante, cuja função era de escrever textos, registrar dados numéricos, redigir leis, copiar e arquivar informações. Como poucas pessoas dominavam a arte da escrita, os escribas gozavam de grande destaque social.

[6] Monges de mosteiros e abadias da Igreja católica que tinham a função de copiar textos manualmente e, desse modo, garantiram a transmissão de um imenso legado cultural e filosófico das antigas civilizações à civilização ocidental.

exclusiva de uma pessoa escrever, podendo assim contribuir para a análise de sua personalidade (mediante os traços de sua grafia) e estabelecendo uma marca pessoal.

A escrita manual, que resistiu à invenção da imprensa (atribuída a Johann Gutenberg) e à invenção da máquina de escrever (atribuída a Christopher Latham Sholes), migrou no mundo contemporâneo para a cultura dos meios virtuais. A esse respeito, cabe a reflexão de Cagliari (1999):

> Se imaginarmos que, no futuro, vamos escrever através de computadores, o ato de escrever terá muitas características próprias, diferentes das que usamos hoje, a começar pelo não uso de caneta e papel. O mundo da imagem estará em plena forma e as palavras escritas, na maioria das vezes, não passarão de simples rótulos para tarefas específicas que o computador realizará. Ler uma obra literária, produzida com letras do alfabeto, será coisa do passado, uma coisa de arqueologia, assim como vemos, hoje, as escritas antigas, como a egípcia, a cuneiforme, os livros iluminados da Idade Média, etc. As histórias serão contadas através da fala gravada (p. 221).

Se não houvesse tal evolução, estaríamos ainda hoje com um sistema de escrita semelhante ao das civilizações antigas. Mas toda mudança leva a uma desestabilização da ordem das coisas, o que tem gerado muita preocupação e polêmica.

Muitas questões têm emergido em função de conceitos que durante muito tempo serviram de embasamento, por exemplo, para o desenvolvimento da criança, afinal acredita-se que o processo de aprendizagem da escrita manual é o resultado de lentas e essenciais aquisições no plano motor, perceptivo e simbólico. Dessa forma, a possibilidade de extinção dessa escrita diante de tantas novidades tecnológicas tem sido foco de estudo, reflexão e discussão.

Segundo muitos, a prática da cultura da escrita, à qual sempre foi atribuída muita importância, encontra-se ameaçada em decorrência de tecnologias que interferem e medeiam os processos comunicativos. Diante de tal iminência, a forma de responder a ela não é incomum. A resistência às mudanças é uma reação natural do homem diante do novo, que sempre é visto como uma ameaça a valores internalizados e como um dispositivo que afasta o indivíduo de sua zona de conforto. A novidade obriga-nos a pensar, debater, divergir e ponderar até chegarmos à aceitação. Isso porque a evolução não ocorre de forma planejada e organizada, tampouco com objetivos claros e resultados definidos.

O que precisamos é aprender a lidar com uma nova realidade, com algo que não tem volta. Trata-se de um trabalho de resiliência, e não de oposição.

Pensemos na evolução histórica da escrita, que passou dos manuscritos aos livros impressos e pôde, assim, ganhar outros limites. Pensemos também na utilização pelo homem de diversos instrumentos para se comunicar, que atenderam às necessidades de seu tempo.

A escrita, como a conhecemos – universal e transmissora de cultura –, já não atende aos anseios do homem contemporâneo e está passando por outra fase evolutiva, sendo substituída por outra forma de cultura. Chartier (1998), ao enfocar a reorganização do mundo da escrita após o advento da internet, afirma que o veículo eletrônico permite agora a conservação e a transmissão do texto, assim como a transmissão da imagem e do som, permitindo, além da universalização, a interatividade. Isso, com certeza, promove mudanças não só na prática de produção e edição de texto, mas também na prática de leitura.

Devemos considerar aspectos básicos, como veículos diferenciados para a transmissão de informações e formas não semelhantes de recepção dessas informações pelo leitor. A maneira como cada mídia configura o texto deve ser explorada, considerando-se as diferentes versões para um mesmo texto e a interação que o leitor estabelece com ele.

O fato é que as novas tecnologias são hoje sinônimo de evolução e progresso e estão presentes em todas as áreas de atuação, assim como é fato que vivemos um momento em que disponibilizar novas TICs é promover, segundo um processo de democratização do conhecimento, a inclusão digital.

Hoje tendemos a não escrever cartas pessoais, e sim e-mails, a não compartilhar a alegria natalina por meio de cartões de natal, e sim por meio de modelos virtuais animados e interativos, particularizando a nossa escrita por meio de novas formas que não a nossa caligrafia.

Apesar de a televisão, surgida no Brasil na década de 1950 e consolidada nas décadas seguintes em um fenômeno social, não ter extinguido o rádio, de o videocassete não ter feito desaparecer o cinema e de a televisão aberta não ter desaparecido diante da televisão por assinatura (que oferecia imediatismo), pode ser que o tipo de escrita que conhecemos até então dê lugar, em longo prazo, ao estabelecimento de outro tipo, a outra técnica (ou não, mantendo-se, mesmo que em menor grau, a tradição).

As inovações tecnológicas afetam as tradições culturais de uma sociedade e são afetadas por elas. Dessa forma, é coerente que não vejamos todo esse processo como um embate, como uma medição de forças, mas como um impacto cultural que deve ser absorvido pela conscientização, afinal as tecnologias disponíveis em cada momento da história fomentaram uma reestruturação dos padrões, implicando uma evolução cujo mais importante agente foi o cidadão.

A influência das novas tecnologias na escola

> *Um problema só surge quando estão presentes*
> *todas as condições para solucioná-lo.*
> Karl Marx

As TICs atuais surgiram com o propósito de resolver problemas de ordem econômica e de defesa, por exemplo. Contudo, chegaram à escola, propiciando novas técnicas de ensino e, dessa forma, revolucionando as relações no processo de ensino-aprendizagem, no qual se inclui o da língua(gem).

Diante de uma nova perspectiva, não devemos ver as TICs como salvadoras da educação, nem como uma garantia da qualidade de ensino, e sim como algo que pode contribuir para a sua remodelação, permitindo à escola combinar estruturas que concorrem para a recuperação de sua modicidade.

Essa nova maneira de estabelecer o conhecimento tem causado impacto na prática docente e promovido uma reconfiguração da relação professor/aluno. Apesar de o professor procurar inteirar-se da funcionalidade dessas novas tecnologias e procurar desenvolver habilidades para operá-las, muitos não se sentem preparados para integrar esses diferentes domínios na sua prática pedagógica. Pensando especificamente no professor de língua materna, ele, além de sentir esse despreparo, lida com o mote de uma nova cultura linguageira.

Apesar de muitas questões associadas às propostas ensino/aprendizagem/ novas tecnologias terem de ser incansavelmente debatidas, cabe à escola definir princípios e estratégias pedagógicas para aplicar essa nova tendência em prol da educação, haja vista que os antigos mecanismos pautados na rigidez e na durabilidade tornaram-se erráticos.

Internalizar novos conceitos tem exigido da pedagogia moderna a formulação de novas posturas diante de uma necessidade premente, perante um novo ciclo na educação. Do mesmo modo, fazem-se necessárias políticas educacionais que viabilizem uma adequação à nova realidade, por meio de investimentos em infraestrutura e na formação de professores. Caso contrário, as tecnologias continuarão a ser apenas uma transposição de dados disponíveis no papel para o computador ou um material de apoio, invalidando, assim, todo o seu potencial. E isso não pode acontecer, pois, com vistas a incentivar a autonomia e valorizar a produção, os computadores permitem diferentes estratégias de ensino, devido a sua característica interativa.

Toda vez que o homem cria uma nova tecnologia, ele traz à tona várias discussões. E estamos em um desses momentos.

Parece propício tomar como referência a epígrafe deste tópico. Assim, se o surgimento de tecnologias da informação criou problemas para a educação, é porque essa prática formal tem condições de solucioná-los.

Portanto, a escola que estandardizou a norma culta em função de uma educação elitizada, privilegiando apenas a gramática normativa e consagrando-a como a "senhora da língua", também questionou, ponderou e aboliu, por exemplo, o caderno de caligrafia, o ditado e a cópia, como parte de uma postura remodeladora e contemporânea. Assim, diante de tão concreta relação com o movimento digital, saberá com certeza atender a mais uma demanda, por mais difícil e inovadora que a nova proposta possa parecer.

Hoje, as inovações tecnológicas estão nas mãos de quase a totalidade das crianças e dos adolescentes, independentemente de suas classes socioeconômicas e socioculturais, pois as facilidades para a sua promoção e venda são muitas. É algo que não se tem como frear, tampouco se deseja, pois é uma realidade à qual temos de nos adaptar, afinal esses jovens já nasceram no futuro. Basta observar que, entre os expoentes na área da informática, estão muitos jovens que encontraram na internet o passaporte para o sucesso precoce. Eles têm empresas constituídas e ganham milhões de dólares com a criação de, por exemplo, novos aplicativos, como o Instagram feito para o IPhone, que reinventou o tradicional álbum de família.

Com o foco nessa tendência, na Coreia do Sul, país que tem a internet mais rápida do mundo, algumas escolas já se utilizam de robôs para dar aulas de inglês. Esses seres cibernéticos têm dois rostos: um para indicar que está funcionando sozinho e outro para indicar que está sendo controlado por um professor. Neste último caso, a imagem é na verdade uma figura virtual do professor humano que fica em outra sala. Os alunos também têm internet sem fio nas salas de aula, sob o controle total do ensinante.

Portugal fez recentemente significativos investimentos em tecnologia. O governo começou pelas escolas, melhorando o acesso à internet e colocando em cada sala de aula da rede pública um quadro interativo inteligente.

Em 2011, foi anunciado o fim do ensino da letra cursiva no estado norte-americano de Indiana, devendo ser banido definitivamente nos próximos anos.

Tal decisão deverá ser seguida por outros estados dos Estados Unidos, sob o argumento de que atualmente as crianças não necessitam mais escrever com caneta ou lápis no papel (modelo ultrapassado), já que toda a comunicação tem sido feita de maneira digital, por meio de letras de forma (bastão), em computadores e celulares. O grupo que defende o fim do ensino da letra cursiva integra o Common Core State Standards Initiative (Iniciativa para um Padrão Comum de Currículo).

Isso, sem dúvida, causou surpresa e polêmica naquele país. Para os opositores, a letra cursiva representa, em parte, a personalidade das pessoas e permite a leitura de documentos históricos. Para os defensores, deve-se levar em conta o progresso.

O Brasil ainda ocupa uma posição aquém do que gostaríamos entre as economias mais adaptadas às TICs.

O governo faz planos para inserir as novas tecnologias no processo de ensino-aprendizagem, mas admite ser um desafio, porque isso implica adotar novas práticas nas escolas públicas. Investir no processo da inclusão digital é investir na compra de aparelhos de ponta, robustecer as indústrias desse segmento e as editoras e investir na capacitação dos professores, para que compreendam como essa tecnologia pode colaborar com a prática pedagógica.

Diante do desafio de proceder à formação do homem novo, parece que ainda temos um longo caminho a percorrer, visto por ora que não deixamos para trás uma antiga tecnologia – a do quadro-negro e do giz. Mas as novas tecnologias começaram a ser vistas por outra perspectiva – a de se submeter aos objetivos educacionais. Dessa forma, os recursos tecnológicos devem auxiliar no processo educativo, propiciando novas fontes de informação e novas formas de apropriação do conhecimento, além de estabelecerem novas articulações com a linguagem, seja no ensino presencial, seja no ensino a distância. Principalmente neste último modelo, não podemos contribuir para um ensino que distancie os preceitos de ensino-aprendizagem.

Há de se acrescentar, por fim, que também cabe à escola, agora como mediadora entre educação e novas instrumentalizações, levar o alunado a fazer fluir todo o conhecimento disponível a que ele pode ter acesso, afastando-o de uma postura de introspecção ante à disponibilidade de informações que as TICs oferecem.

Propostas que podem ajudar em uma nova condução

Muitas pesquisas têm sido feitas com foco na proposição de caminhos que resultem na incorporação das TICs no processo de ensino-aprendizagem.

Tais colaborações ampliam metodologias, que abrem outras possibilidades de (re)construção dentro e fora da sala de aula (pois o conhecimento não se esgota na escola) e que passam pelas diversas áreas de estudo, todas se centrando no uso da internet mediado pelo professor. A ele cabe buscar uma aproximação, um envolvimento significativo do aluno com o conhecimento, a fim de torná-lo um cidadão crítico e autônomo, o que se reverterá na sua própria evolução e na transformação gradual e progressiva da sociedade.

O uso de novas tecnologias permite romper barreiras, uma vez que elas possibilitam o acesso mundial à informação e colocam o cidadão em contato com diferentes conteúdos, linguagens e diversidades. Dessa forma, a instalação e o uso de ambientes virtuais passam a ser imprescindíveis no direcionamento dos vários conteúdos a serem aplicados.

Algumas ferramentas disponíveis no mundo tecnológico equivalem hoje a recursos construtivos e possibilitadores que podem intermediar a relação professor-aluno no campo do ensino, por fornecerem elementos agregadores de significativo valor que contribuam para a construção do conhecimento, o que deve impulsionar o educador a buscar uma formação específica. Não obstante, saber conduzir esses recursos em sala de aula exige-lhe uma posição progressista e responsável para além do aspecto técnico, sem colocar em segundo plano a construção do conhecimento, sem deixar de contemplar o desenvolvimento das habilidades cognitivas, sem deixar de adaptar pedagogicamente determinado recurso às suas aulas. Há de se advertir que não se trata apenas de uma transferência de tecnologia, mas de uma ação que requer, acima de tudo, o comprometimento com o que significa ensinar e aprender.

Essa nova concepção de ensino tende a reconfigurar (ou recontextualizar) o formato da escola e pode resultar em:

- Acesso a contextos variados.
- Possibilidade de pesquisas na área de interesse.
- Discussão de conteúdos mediante a disponibilidade de informação na rede.
- Motivação.
- Aproximação entre o conteúdo e a realidade do aluno.

- Participação colaborativa.
- Relação entre prática e teoria.
- Compartilhamento de experiências.
- Desenvolvimento de potencialidades.
- Percepção de outras linguagens que não a linguagem convencional ensinada na escola.

Não se trata do uso indiscriminado de tecnologias, mas de responder a questões reais do aluno e, ao mesmo tempo, ampliar as possibilidades de se propor a educação no país com o objetivo de aprimoramento do aprendizado e de inserção do aluno em uma realidade contemporânea.

O momento é propício para pôr em prática novas experiências e tornar, assim, a escola mais atraente, por meio do incentivo a uma aprendizagem ativa. É necessário agir com brevidade na busca por uma postura de abertura e consciência. Dessa forma, articular conjuntamente aspectos administrativos e pedagógicos, estabelecendo-se mudanças integradas, fiéis, graduais e ponderáveis, levará a escola a um trabalho em equipe em prol de uma integração que culmine em um estilo que também incorpore as TICs, de modo que tais questões sejam discutidas e organizadas.

A escola não pode perder a sua função, mas precisa rever a forma com que deve manter viva a relação do sujeito com o conhecimento, agora sob uma nova demanda que subsidia o trabalho escolar, diante de uma formação maximizada.

Mesmo as TICs não sendo reconhecidas como essencialmente incentivadoras da transformação educacional, podem promover mudanças significativas que atendam a uma aplicação escolar complacente e participativa.

Pensando na sua imbricação com o ensino da língua materna, para o qual os Parâmetros Curriculares Nacionais (PCN – MEC/SEF, 1998) vigentes de Língua Portuguesa trouxeram um novo ponto de partida – o domínio da competência textual para além dos limites da escola –, propõe-se, neste tópico, um projeto pedagógico de leitura e produção de texto que vá ao encontro dessa nova realidade, pautado na utilização de gêneros discursivos (conforme também prevê os PCN de língua portuguesa).

Explorar a diversidade textual na sala de aula, além de estabelecer conexões entre as atividades discursivas propostas pela escola e a vida do aluno em sociedade, coloca o discente em contato com gêneros virtuais emergentes e, concomitantemente, com a linguagem típica de tecnologias de comunicação eletrônica – linguagem esta que tem sido ressignificada ante às novas possibilidades, perante um novo[7] padrão de comportamento. Portanto, a inserção desses gêneros no processo de ensino-aprendizagem da língua, em uma época de tantos avanços tecnológicos, compreende uma reconsideração das condições de comunicação discursiva.

Atendendo agora a uma nova demanda, a prática de leitura e produção de texto, com base, por exemplo, em e-mail[8], chat, weblog, permite ao usuário estar em contato com outros recursos – novo ambiente, novo suporte, interatividade. Além desses, outros gêneros, que antes eram veiculados por meio de suportes específicos que não o computador, também podem fazer parte do portfólio dos gêneros virtuais a serem trabalhados pelo professor, como: artigo de opinião, crônica, notícia, propaganda, verbete, reportagem, resenha, classificados etc. Cabe salientar que outra possibilidade de estar em contato com as ferramentas digitais é a pesquisa de diferentes temas, por meio de sites direcionados ao gerenciamento de informações – observando-se sempre a sua credibilidade.

Considerando, portanto, essa nova prática discursiva, cujos textos são constituídos em outro espaço, cujos recursos disponíveis à atividade emissor/receptor são outros e cuja perspectiva interacional requer outras estratégias, apresentamos a seguir uma, dentre muitas, possibilidade de se trabalhar a atividade de leitura e escrita sob o enfoque dos gêneros discursivos virtuais.

O Quadro 2.1 ilustra a proposta.

Faz-se necessário esclarecer que, sem ter a pretensão de invalidar a linguagem praticada no facebook, a escolha da elaboração do comentário opinativo, segundo a norma culta, deve-se a quatro fatores: primeiro, o educador deve levar o aluno a utilizar essa linguagem com propriedade em situações de uso que assim o exijam (flexibilidade linguística); segundo, a escola tem a obrigação de proporcionar ao aluno a condição letrada; terceiro, a chamada gramática ideal faz parte do caráter dos textos opinativos, sob a justificativa de que a formalidade lhes dá credibilidade; quarto, a oportunidade de a linguagem formal "conversar" com a linguagem específica da rede em um espaço virtual. Há de se enfatizar que a escola não pode descuidar da norma culta em nome de "ser moderna".

---

[7] Insiste-se na inserção do termo "novo" (embora não constitua mais um feito recente), enquanto via de uma estrutura de ser e pensar diferentemente, que se prolifera e se modifica vertiginosamente alterando o funcionamento e a organização de um conjunto de forças que visam ao desenvolvimento ou ao progresso social.

[8] Embora algumas literaturas questionem ser o e-mail um gênero discursivo, entendendo-o apenas um canal de transmissão de outros gêneros, apresentamo-lo aqui como tal, com base na quase totalidade das literaturas disponíveis sobre o assunto.

Quadro 2.1 Projeto de leitura e produção escrita.

Projeto pedagógico de leitura e produção escrita de gêneros discursivos virtuais

A proposta resume-se em apresentar aos alunos os gêneros discursivos envolvidos no projeto – comentário opinativo, reportagem, notícia, tira e charge –, todos da área jornalística, salientando as características típicas de cada um e levando os alunos a se apropriarem de suas formas discursivas, temáticas e composicionais; propor a busca na internet e a leitura crítica dos últimos três gêneros a partir do tema "A falta de legislação específica favorece os crimes virtuais"; solicitar que, em decorrência da leitura, elaborem um comentário opinativo acerca do conteúdo lido e o postem no facebook[1], partilhando-o com os demais colegas e com o professor (portanto, todos os envolvidos deverão ter uma conta no site de relacionamento). Posteriormente, os comentários deverão ser discutidos em sala de aula, para que haja uma reflexão sobre o tema, sobre as características redacionais consideradas padrão desse gênero (defesa de um ponto de vista) e sobre o estilo individual dos autores.

Um projeto pedagógico, considerando-se o seu fim – atender às necessidades dos alunos e melhorar as práticas escolares –, deve ser apresentado aos aprendizes, para que eles se sintam envolvidos, compreendam a importância da proposta e, finalmente, adiram-na, podendo questionar, opinar e dar sugestões (o que poderá dar ao projeto um direcionamento um tanto diferente do previsto inicialmente), desde que tais posicionamentos sejam viáveis aos objetivos pretendidos – estes garantidos pelo conhecimento didático/pedagógico do professor.

Tem-se, assim, uma atividade que envolve o conhecimento de alguns gêneros discursivos, o hábito da pesquisa, a prática de leitura e produção textual, utilizando-se para isso de recursos tecnológicos.

Fonte: Elaborado pela autora.

---

[1] Site de relacionamento social. Escolhido por ter se tornado, nos últimos anos, o site mais identificável, uma vez que o número de usuários ativos teve aumento significativo (mais de 1 bilhão), por ter como propósito o compartilhamento de informações de forma rápida, por possibilitar o acesso através de dispositivos móveis, por ser gratuito e fácil de se criar uma conta.

OS DIFERENTES ASPECTOS DA LINGUAGEM NA COMUNICAÇÃO

Quadro 2.2 Especificações do projeto.

Público-alvo	Objetivo geral	Objetivo específico	Materiais/ recursos necessários	Pessoas envolvidas	Etapas (planejamento/ organização)	Tempo
Alunos do ensino médio	Desenvolver a autonomia do aluno no processo de leitura e produção textual, buscando a depreensão de novas condições de comunicação discursiva	Agregar recursos tecnológicos ao ensino da língua materna	Revista e/ ou jornal impresso, retroprojetor ou datashow, computador e internet	Professor e alunos	1ª Fazer uma explanação do projeto; 2ª Apresentar aos alunos, utilizando-se de retroprojetor ou datashow, os gêneros comentário opinativo, reportagem, notícia, tira e charge, previamente selecionados pelo professor em revista e/ou jornal; 3ª Solicitar aos alunos que pesquisem e efetuem a leitura na internet desses gêneros (exceto o comentário opinativo, destinado à prática escrita), com base no tema "A falta de legislação específica favorece os crimes virtuais" (momento de organização e distribuição de tarefa). O professor deve orientá-los a como proceder à pesquisa, com base em palavras-chave; 4ª Efetivar a pesquisa e a leitura dos gêneros, a produção do comentário opinativo (utilizando-se da linguagem culta) e a sua postagem e o seu compartilhamento no facebook (estes dois últimos correspondem à divulgação da produção textual); 5ª Promover uma discussão sobre os comentários partilhados, focando a leitura crítica, o estilo dos autores e as características redacionais do gênero.	1ª = 1 h/a 2ª = 4 h/a 3ª =1 h/a 4ª = 7 d 5ª = 2 h/a

Sugestão: na 5ª etapa, o professor poderá, a partir dos comentários postados pelos alunos, fazer considerações acerca da detecção de possíveis problemas de ordem texto-gramatical. Caso opte por fazer essa revisão, acrescentar no item "tempo" do quadro mais 1 ou 2 h/a.

Fonte: Elaborado pela autora.

A linguagem como base para a formação do cidadão contemporâneo

As inúmeras mudanças ocorridas nas últimas décadas concorreram para a formação de uma sociedade cada vez mais exigente, no que tange à formação e à competência do cidadão.

Contrariamente a épocas passadas, em que os domínios centralizavam-se na permanência da ordem das coisas, as novas exigências societais exigiram do cidadão um novo perfil.

E que perfil corresponde aos desafios da contemporaneidade?

Esse novo cidadão, além da sua formação específica, dever ter outros conhecimentos necessários ao seu bom desempenho – isso inclui necessariamente um saber tecnológico cada vez mais sólido. Deve ser dinâmico, competitivo, atualizado, inovador e absorvedor de mudanças tecnológicas, sociais, culturais, mercadológicas, comunicacionais e políticas. Ele deve ter, portanto, um perfil flexível e ser detentor de múltiplos conhecimentos, o que deve reverter em um diferencial importante e acarretar grandes transformações no complexo mercado de trabalho.

Para tanto, o domínio da linguagem faz-se relevante e imprescindível, uma vez que ela não representa apenas uma forma linguística, mas, *grosso modo*, um sinônimo de comunicação consistente, que ocorre de acordo com os meios que a impõem. Daí a eloquência e a habilidade de escrever terem papel primordial nas relações humanas.

Trilhar o caminho do domínio da linguagem é fazer-se respeitar e reconhecer-se como cidadão em um determinado momento sócio-histórico-ideológico. A sua natureza compreende um traço distinto, regido com base na sua condição de criatividade, organização e transformação, o que possibilita a nossa evolução.

O avanço tecnológico aumentou exponencialmente a necessidade de escrever, e não estamos pensando aqui em um espaço digital que suporta uma variedade cifrada, mas em situações de uso da língua que requerem outra variedade – a norma culta. A linguagem escrita faz parte do cotidiano da vida prática dos profissionais, e o seu domínio é visto como uma habilidade essencial dentre outros conhecimentos técnicos específicos. No entanto, cabe estender a esse universo a linguagem oral. Uma comunicação mal estabelecida compromete o pleno entendimento da mensagem, ou seja, compromete o seu emissor, pois é dele a responsabilidade do ato comunicativo.

O ensino superior, com raras exceções, aboliu o ensino da Língua Portuguesa das grades de cursos que não o de Letras, dando relevância apenas a disciplinas específicas. Tal postura vai de encontro à realidade que presenciamos nesse ciclo de escolaridade. O fato é que a maioria dos alunos que ingressa na faculdade apresenta, ainda que dentro de uma variedade de grau, deficiências no domínio da linguagem, verificadas na leitura e na produção de textos. Tal limitação implica dificuldades em compreender os conteúdos das inúmeras disciplinas ao longo do curso e impossibilidades de trabalhá-los em níveis intelectuais, o que gera a falta de êxito acadêmico e dificuldades na hora de ingressar no mercado de trabalho.

Algumas instituições oferecem o ensino da Língua Portuguesa fora do curso de Letras, mas ainda a veem como uma disciplina menor. Isso tem sido um desafio para os professores dessa área de estudos e requerido deles estratégias que garantam a importância e a redefinição da disciplina, como a que não só permite ao aluno assimilar o conhecimento que lhe é transmitido, mas também a que permite que ele participe de sua produção.

Mas por que os alunos chegam ao ensino superior sem esse domínio?

Muitas literaturas têm buscado responder a essa questão. Certamente, há um conjunto de razões, mas tudo parece convergir para a escola regular. A ela atribui-se a dificuldade do graduando em lidar adequadamente com a língua materna. Culpa ou não da escola, o fato é que existe uma crise no ensino superior.

Diante dessa realidade, algumas escolas de idiomas, tradicionalmente conhecidas por disponibilizar cursos de línguas estrangeiras e de língua portuguesa para estrangeiros, visualizaram nesse fato um nicho de mercado, ou seja, uma oportunidade para ampliar os seus negócios. É o caso, por exemplo, do Centro Cultural Anglo-Americano (CCAA), que disponibiliza um curso de português com abordagem inovadora, atendendo àqueles que precisam dominar a produção de textos, e do Centro de Ensino Fisk, cujo objetivo, ao oferecer o curso "Português sem Tropeços", é proporcionar o aprimoramento das habilidades comunicativas (oral e escrita), por meio de atualização gramatical e esclarecimento de dúvidas mais frequentes dos falantes de português do Brasil.

Diferentes linguagens compõem os diversos âmbitos nos quais as relações sociais estabelecem-se. Isso ocorre porque a língua portuguesa, assim como qualquer outra, é dinâmica e está atrelada a um processo evolutivo, passando a existir como um conjunto de variados falares, que, embora sejam semelhantes, cada um apresenta suas particularidades em relação a alguns aspectos linguísticos.

Isso posto, cabe à escola, em primeiro lugar, considerar que o aprendiz é alguém que já domina a língua(gem), pois a utiliza com naturalidade antes de ir à escola; não exigir que se faça uso da língua segundo apenas os requisitos da norma culta, respeitando assim as diferenças dialetais; aprimorar essa capacidade do aprendiz, expondo-o à leitura, à escrita e a excelentes modelos das modalidades oral e escrita, atentando-o para o aspecto funcional da língua.

Dessa forma, teremos bons leitores e bons produtores de textos e formaremos cidadãos cujo domínio da linguagem atingirá resultados satisfatórios.

Considerações finais

Tomando a linguagem sob uma concepção ampla, propusemo-nos, neste capítulo, não só abordar seus diferentes aspectos no ato comunicativo (e interacional), mas também ir além, destacando-a como forma transformadora de pensamentos e ações.

Para tanto, valemo-nos dos contributos da Ciência Linguística, mais especificamente os da Linguística Aplicada – um campo de estudo investigativo de natureza interdisciplinar e mediadora. Isso porque essa área de pesquisa se ocupa das questões relativas à linguagem em diferentes contextos e com diferentes propósitos comunicativos e interacionais. Mesmo que se trabalhe com certa previsibilidade, isso não é absoluto, pois não é possível trabalhar com uma totalidade organizada que fique à margem da interação com os aspectos sócio--histórico-ideológicos.

Percebemos que o entendimento de linguagem corresponde a um processo que requer a compreensão de suas diferentes manifestações e possibilita ao homem organiza-se diante das relações sociais.

Vimos também que a escola, por meio do trabalho com a Língua Portuguesa, tem participação fundamental no desenvolvimento da linguagem, devendo explorar o seu estudo de forma que garanta o seu uso e a reflexão sobre a sua funcionalidade.

Enfatizamos o surgimento de uma linguagem advinda de tecnologias recém-criadas, que suscitou discussões, o que tem gerado novos posicionamentos em relação à linguagem, corroborando o que expressamos aqui como evolução.

Enfim, pretendemos fornecer subsídios, com base em teorias atuais, que permitam uma visão ampla sobre o papel da linguagem na comunicação e que confiram a ela a sua importância de fenômeno social.

Bibliografia

ANDRADE, C. D. DE. *Caminhos de João Brandão*. Rio de janeiro: Editora Record, 2002.
BAGNO, M. *Preconceito linguístico*. São Paulo: Loyola, 2001.
BAKHTIN, M. *Estética da criação verbal*. São Paulo: Martins fontes, 1992.
BENTES, A. C.; MUSSALIM, F. *Introdução à linguística: domínios e fronteiras*. v. 2. São Paulo: Cortez, 2006.
BOTTÉRO, J.; MORRISON, K. *Cultura, pensamento e escrita*. São Paulo: Ática, 1995.
CAGLIARI, L. C. A escrita do século XXI (ou talvez além disso). In: MASSINI-CAGLIARI, G.; CAGLIARI, L. C. *Diante das letras: a escrita na alfabetização*. São Paulo: Mercado de Letras, 1999.
CHARTIER, R. *A aventura do livro: do leitor ao navegador – conversações com Jean Lebrun*. Tradução Reginaldo Carmello Corrêa de Moraes. São Paulo: Unesp, 1998.
FARACO, C. A.; TEZZA, C. *Prática de texto para estudantes universitários*. 11. ed. Rio de Janeiro: Vozes, 2003.
HOUAISS, A. *Novo dicionário da língua portuguesa*. Rio de Janeiro: Objetiva, 2009.
MARCUSCHI, *Da fala para a escrita: atividades de retextualização*. 2. ed. São Paulo: Cortez, 2004.
POSSENTI, S. *Por que (não) ensinar gramática na escola*. Campinas: Mercado das Letras, 1996.
ROSA, J. G. *Grande sertão: veredas*, Rio de Janeiro. Nova Fronteira, 2005.
TRAVAGLIA, L. C. *Gramática e interação: uma proposta para o ensino da gramática no 1º e 2º graus*. 6. ed. São Paulo: Cortez, 2001.

Sites consultados

- CCAA. Disponível em: <http://www.ccaa.com.br/cursos-de-portugues/curso-de-redacao/>. Acesso em: 5 jan. 2012.
- FISK. Disponível em: <http://www.fisk.com.br/2011/www/default.htm>. Acesso em: 5 dez. 2012.

CAPÍTULO 3

Ruptura de Paradigmas no uso das Tecnologias

Benedito Fulvio Manfredini

Transformar o ambiente escolar transcende a incorporação de novas tecnologias, exige de todos os envolvidos uma absorção desprovida da lógica do mercado que norteia o seu desenvolvimento.
O autor

Neste capítulo, tratamos principalmente de como transpor as barreiras que limitam qualquer ambiente escolar, como tornar os docentes aliados ao projeto de inserção tecnológica, como tirar o máximo proveito das ferramentas computacionais, transformando assim as aulas monótonas em interativas e criativas.

Vencendo resistências no uso das TICs na educação

O papel do professor contemporâneo há muito deixou de ser apenas o de explicar conteúdos, ou mesmo o de facilitar a aprendizagem. Hoje, esse papel tornou-se mais amplo, pois o professor também é um gestor. Por isso, não deve de modo algum excluir as Tecnologias de Informação e Comunicação (TICs) do contexto escolar, e sim adequar-se aos novos tempos, uma vez que os alunos já se utilizam de todos os recursos tecnológicos disponíveis. Diante desse contexto, ainda encontramos resistências que vão desde como utilizar as TICs em benefício de uma boa aula até como ligar o computador.

Ao utilizar essa nova ferramenta didática, o professor pode acelerar os trabalhos e melhorar muito a apresentação de conteúdos, tornando sua aula muito mais atrativa. Quando percorremos as escolas, encontramos inúmeras resistências ao uso dessa importante ferramenta por parte dos professores, os quais não conseguem visualizar todos os benefícios propiciados pela constante inserção da tecnologia em nosso meio.

Para vencermos essas barreiras, devemos envolver todos os professores num projeto de imersão tecnológica, propiciando-lhes cursos de formação, para que, primeiro, percam o "medo/preconceito" de usar tais recursos. Esse medo provém de receios como: "Minha aula não será mais a mesma.", "Perderei o controle da aula para o computador.", "Deixarei de ser o centro das atenções para ser um mero coadjuvante no processo de ensino-aprendizagem". Esses são alguns dos principais argumentos utilizados pelos professores ao questionarmos: "Por que não usar?" Todos esses receios provêm do mais profundo desconhecimento do uso dessa ferramenta em prol da educação e comunicação.

Sabemos que é muito difícil quebrar a barreira da resistência e da aversão tecnológica que os professores mais conservadores possuem. No entanto, é necessário que esse processo aconteça de forma natural, e não imposta, e que todos os envolvidos sintam-se capazes de utilizar essa tecnologia e extraiam dela tudo de bom que ela possa oferecer.

Os meios de comunicação evoluíram muito, porém o processo de ensino nas escolas ainda é o mesmo. Ao criarmos um projeto de formação continuada para os professores, podemos aos poucos estreitar a distância que os separa dos alunos, fazendo com que os educadores tenham subsídios para preparar uma aula mais atraente e interativa, despertando no educando um interesse que antes não era obtido com o giz e a lousa. Assim, está na hora de partirmos para uma mudança radical diante dessa realidade.

A tecnologia, com certeza, não substituirá o professor. Acreditamos que haverá uma mudança na maneira pela qual a informação chegará ao aluno. Hoje, temos inúmeros sites na internet que disponibilizam vídeos e muitos deles apresentam fundo didático. Assim, é quase impossível não acharmos um vídeo explicando como realizar uma tarefa. Exemplos disso são os vídeos que ensinam a fazer desde simples técnicas de pintura e dobraduras até complexas resoluções de equações.

Retomando a questão pedagógica, o professor que não se utiliza desses recursos a seu favor está, de certa forma, perdendo aos poucos a atenção de seus alunos. Não adianta ser um excelente professor e um profundo conhecedor de determinado assunto se não conseguir o propósito elementar – transmitir conhecimento.

É perfeitamente compreensível a resistência ao novo. Atentemos para a denominação "novo" – que não é tão nova assim. A tecnologia está presente e veio para ficar, portanto não temos como lutar contra ela. Então, como diz um velho e sábio ditado popular: "Se não pode com ele, junte-se a ele". O receio de perder o controle, de certa forma, aterroriza qualquer professor que esteja passando por esse processo. Contudo, devemos nos desprender desse "medo" inicial e lançarmos mão dos recursos oferecidos pela contemporaneidade.

Uma técnica que pode contribuir para o professor arriscar-se é a seguinte: não demonstrar medo inicialmente; respirar fundo; experimentar; usar, mesmo que no início não faça sentido; procurar uma forma de aplicar tal conhecimento em benefício próprio; ver as possibilidades; ponderar.

Sempre que houver dúvidas, deve-se procurar esclarecê-las, pois a dúvida não esclarecida pode se tornar um elemento dificultador no processo de aprendizagem dessa tecnologia que parece ser nova, mas já estava aí, e somente o professor não lhe dava importância e não a havia notado.

Ao voltarmo-nos para essa nova ferramenta, deparamos-nos com o que ainda hoje é conhecido como a "sociedade do conhecimento" ou *knowledge society*, termo que surgiu no final da década de 1990 e é empregado, particularmente, nos meios acadêmicos como uma alternativa à "sociedade da informação". Foi adotado pela Organização das Nações Unidas para a Educação, a Ciência e a Cultura (Unesco)[1], ou sua variante "sociedades do saber", dentro de suas políticas institucionais.

O conceito de sociedade da informação teve sua origem segundo os preceitos da globalização. Entendemos que, de agora em diante, serão as "revoluções tecnológicas" as molas propulsoras que ditarão os rumos do desenvolvimento, sendo os conflitos sociais coisas do passado.

Afirmamos que qualquer definição que se utilize do termo "sociedade" não pode caracterizar uma realidade descrita à internet ou às TICs. A internet é considerada por muitos um novo cenário de interação social, e essa intera-

---

[1] A Unesco foi fundada em 16 de novembro de 1945, com o objetivo de contribuir para a paz e segurança no mundo mediante a educação, a ciência, a cultura e as comunicações.

ção é estritamente integrada ao mundo real, e ambas se transformam mútua e constantemente.

A disseminação da informação torna-se a principal aliada da ruptura de barreiras existentes no contexto das resistências ao novo.

São inúmeros os desafios que surgem, atualmente, para aqueles que buscam garantir a qualidade do processo de ensino usando as TICs como espinha dorsal. O inovador perfil exigido da instituição, do professor, do aluno e da modalidade no ensino prevê alterações drásticas de conceitos e de papéis.

A utilização das TICs no processo ensino-aprendizagem ainda é motivo de muita discussão por parte dos profissionais envolvidos. Temos, de um lado, aqueles que ainda não têm uma posição definida sobre a importância do uso dessas ferramentas e, de outro lado, aqueles mais flexíveis, cuja posição é de aceitação, em parte. Temos ainda outros mais céticos que são radicalmente contra.

Tomando como ponto de partida esse grupo de indivíduos, podemos destacar que a questão da formação do professor é crucial para propiciar um convívio pacífico com essa tão temida ferramenta. Na prática, o docente passa a ter um caminho seguro e tranquilo, para que possa desempenhar seu papel de educador. Hoje, as pessoas já estão vivendo nos "ambientes colaborativos/integrados", também chamados de "redes sociais", em uma relação totalmente nova e livre dos conceitos de espaço/tempo. Isso as torna indivíduos mais críticos, autônomos e expande a capacidade delas de pensar, agir, aprender e, principalmente, "aprender a aprender". O trabalho em grupo torna-se muito mais fácil de ser feito, pois não há necessidade de reunir todos em torno de uma mesma mesa para se discutir uma ideia. A criação de algo novo passa a ser muito mais fácil também, porque a troca de informações dá-se numa velocidade extremamente alta e a adaptação ao novo dá-se de forma mais tranquila, quando usamos uma rede de conhecimento. O ciberespaço propicia uma ruptura de paradigmas e expande as fronteiras do conhecimento humano.

Essa é uma das razões pelas quais não se deve deixar de usar as tecnologias no processo de ensino-aprendizagem. Pontuaremos algumas questões relacionadas às modalidades de ensino com e sem o uso das tecnologias.

Posteriormente, convidaremos você, caro leitor, a fazer uma reflexão sobre o uso e os benefícios das TICs, como meio de auxílio na produção do conhecimento, e a observar como deve ser o novo perfil do profissional para trabalhar de acordo com esse contexto.

O uso das TICs na educação exige cada vez mais uma nova postura do professor e do aluno, ante ao novo contexto do processo ensino-aprendizagem.

A relação entre professor–aluno e os demais elementos (conteúdos, atividades, recursos e principalmente avaliação) carecem de uma inclusão radical de novos conceitos. Para isso, as TICs favorecem imensamente como ferramentas mediadoras entre ensinar e aprender.

Tradicionalmente, o processo ensino-aprendizagem tem como base a relação do contato físico entre professor e aluno. Permeando esse contexto estão as atividades, os conteúdos e alguns poucos recursos utilizados para a concretização de suas ações. Assim, temos o professor no centro das atenções, cujo papel fundamental é o de disseminar o conhecimento. De acordo com esse modelo, o professor é o único detentor do conhecimento, fato que é inquestionável, ou seja, ele tem a palavra final. Os demais elementos ocupam uma posição de menor destaque.

A escola contemporânea apresenta outra visão nesse processo de aprendizagem. Passa a ser um espaço rico, interativo e social, para integrar e unir-se aos demais espaços do conhecimento. Na sociedade do conhecimento, a escola deve criar recursos integrativos, tais como redes de conhecimento e permissão para a criação de pontes de conhecimento, que levem o educando a uma nova fronteira de cooperação e transformação.

As TICs estão tão presentes no cotidiano do professor que não podem ser ignoradas, pois são um importante recurso aliado da educação. É necessário desenvolver trabalhos no sentido de capacitar os professores para o uso correto dessas tecnologias, quer seja para o ensino em sala de aula, quer seja para perpetuar uma interação extraclasse que se torna muito mais profícua que somente o espaço escolar.

No que diz respeito a atividades de interação, as TICs propiciam aprendizagens correlatas, que obrigam o professor a ir além das paredes das salas de aula. Atualmente, os espaços tradicionais de ensino/aprendizagem têm dimensão global, sendo possível interagir com qualquer pessoa do planeta que esteja conectada à rede. Além disso, pode-se realizar uma pesquisa em qualquer acervo das principais bibliotecas do mundo e acessar conteúdos que antes só estavam disponíveis *in loco*. Outra possibilidade é fazer passeios virtuais por inúmeros locais, tais como: museus, monumentos históricos, pontos turísticos etc. Tudo isso pode se tornar um excelente material de apoio para as aulas de História, por exemplo.

O professor deve, na medida do possível, estabelecer parcerias com outros profissionais de áreas correlatas, a fim de que seu planejamento de aula atinja plenamente os objetivos estabelecidos no projeto pedagógico. A interdisciplinaridade deve estar sempre presente no contexto do planejamento das aulas e ser sempre um dos objetivos a serem atingidos pelo professor.

Para entendermos melhor os rumos da educação contemporânea, levaremos em conta a globalização e seus efeitos na transformação da área educacional. A sociedade do conhecimento exige novos modelos educacionais que promovam a democratização do saber. Para compreendermos esse novo cenário educacional, é crucial observarmos com tento as modalidades de ensino: **presencial**, **semipresencial** e **a distância**. Não pretendemos abordar profundamente nenhuma modalidade de ensino, mas apenas oferecer noções básicas, para que possamos evidenciar suas principais características.

O ensino presencial (ou educação tradicional) pode ser considerado a forma mais conservadora de socialização do saber. Essa modalidade caracteriza-se pela presença do professor e do aluno, que atuam no mesmo espaço e ao mesmo tempo. Isso significa que a interação ocorre entre professor-aluno e aluno-aluno, limitando-se ao contato pessoal. A rotina pode diminuir o aproveitamento do potencial individual, visto que alguns não expõem suas ideias com receio do coletivo. No comando, está o professor que executa todos os papéis, traça o caminho a ser percorrido pelo educando, determinando o tempo e a quantidade de tarefas a serem desenvolvidas.

Nas aulas expositivas, o educando tende a ter uma postura passiva, mas o professor pode lançar mão de um importante instrumento de acompanhamento – o *feedback* –, quase sempre rico e instantâneo, propiciado pelas questões e pelos exercícios presenciais. O confinamento é outro ponto importante, pois transforma os alunos em "reféns" do controle de presença e do olhar dos demais colegas.

A tecnologia tão presente na vida do aluno não é muito utilizada nesse modelo. O professor pensa que, ao usar um projetor multimídia, está usando bem as TICs, fato que incide num grande erro, pois usar as ferramentas computacionais a favor da educação é muito mais que isso, é repensar a maneira de educar, criar novos canais de comunicação, estabelecer outros vínculos com o aluno, objetivando, assim, o intercâmbio entre conhecimentos e experiências.

Ensino tutorial ou semipresencial é uma modalidade de ensino em que o professor e o aluno continuam atuando no mesmo espaço, porém num tempo distinto. O ensino ocorre quase da mesma forma que o tradicional, no entanto, respeita os ritmos individuais, que, obviamente, variam. Nessa modalidade, são utilizados recursos auxiliares, como: material impresso, telefone, fax, rádio, mídias digitais (DVDs, Blu-rays), computadores, vídeos armazenados em servidores específicos para esse fim, o que amplia as possibilidades de interface entre os atores – professor-aluno e aluno-aluno. Nesse modelo, o aluno tem de assumir uma postura mais ativa para construir sua aprendizagem e, com isso, acaba adquirindo maior autonomia e independência e descobrindo que a aquisição da informação não se dá somente no decorrer da aula, mas na soma dos recursos disponibilizados para tal fim. O professor passa a ser um mediador/orientador. O termo tutor é muito utilizado nesse modelo, pois o professor passa a esclarecer as dúvidas, identificar as dificuldades, sugerir leituras complementares, organizar atividades, promover estudos em grupo, supervisionar oficinas ou laboratórios. Nessa modalidade, a inclusão de ferramentas, métodos e atividades não presenciais passa a ter um papel vital para a complementação da informação do educando, sendo inseridos de maneira harmônica e propiciando atividades em um ambiente virtual de aprendizagem, em que possam ser realizadas em tempo e espaço definidos pelo aluno, respeitando-se sempre as regras impostas pelo orientador/professor/tutor.

A Educação a Distância, ou popularmente conhecido como EaD, definição dada ao processo de ensino-aprendizagem realizado sem a exigência de uma frequência regular ao ambiente físico de uma escola, é um curso ou uma instituição educacional. Segundo Litwin (2001),

> [...] consiste na mediatização das relações entre docentes e os alunos. Isso significa, de modo essencial, substituir a proposta de assistência regular a aula por uma nova proposta, na qual os docentes ensinam e os alunos aprendem mediante situações não convencionais, ou seja, em espaços e tempos que não compartilham (p.15).

A EaD preconiza a separação física e temporal entre os processos de ensino-aprendizagem. É um desafio a ser vencido, promovendo, de forma combinada, o avanço na utilização dos processos cooperativos e a socialização do educando como parte do processo de formação integrada.

O rápido desenvolvimento da tecnologia e da comunicação impulsionou a EaD, somando a ela as tradicionais tecnologias, como o rádio, a televisão e os materiais impressos. Fato que beneficiou a difusão e a democratização da educação, pois facilitou enormemente o acesso da educação a todos os níveis da sociedade e ampliou o universo de alunos atendidos, colocando a EaD em um cenário de destaque na última década.

O processo de amadurecimento da EaD, no Brasil, contribuiu para a sua receptividade e a sua incorporação como uma modalidade mais atrativa em relação ao ensino presencial tradicional. Não queremos aqui fazer apologia a uma ou a outra modalidade, queremos apenas mostrar as vantagens de cada modelo. Acreditamos que todas as modalidades devam sofrer mudanças e adequações, considerando suas particularidades, porém todas terão de usar as tecnologias como ferramentas de apoio à educação.

A EaD tende, sem sombra de dúvida, a se tornar um elemento regular nos sistemas de educação, não mais como um meio para atender às demandas e/ou aos grupos específicos, mas como um meio para atender ao ensino secundário, à educação para adultos, à formação contínua, aos treinamentos e às capacitações necessários. A razão disso é a contínua obsolescência gerada pela própria inserção de novas tecnologias, ou seja, é a tecnologia gerando a necessidade de conhecimentos cada vez mais específicos.

A fim de facilitar o processo educacional, os materiais utilizados têm de ser claros e objetivos, e os passos devem ser orientados, fazendo com que o aluno percorra os caminhos necessários para chegar ao objetivo planejado. Os materiais devem conter sugestões de leitura e fontes de pesquisa, a fim de ampliar os conhecimentos. Os materiais têm o objetivo de ensinar o aluno, para que ele tenha a oportunidade de autoaprender. Na EaD, não há aulas tradicionais, o espaço é da tutoria. O professor/tutor se põe à disposição do aluno para auxiliar no caminho em busca da construção do conhecimento.

Os cursos ofertados nessa modalidade têm previstos em seu cronograma encontros presenciais, o que propicia um sentimento de proximidade entre os participantes e auxilia o desenvolvimento das atividades propostas.

As inúmeras facilidades ofertadas pelo desenvolvimento tecnológico modificam, constantemente, as possibilidades de interação a distância, seja on-line ou não, colocando à disposição do aluno e do professor ferramentas seguras e eficientes para estabelecerem uma comunicação que, se bem utilizadas, impulsiona o aprendizado.

O *feedback*, muito presente no ensino presencial, é um importante aliado do professor no processo de acompanhamento, que se dá, na EaD, por meio de ferramentas de gerenciamento que, diríamos, até bem mais eficazes. No Ambiente Virtual de Aprendizagem (AVA), o registro dos detalhes de cada ação efetuada pelo aluno pode ser analisado pelo professor/tutor. As ações e reações (ou a falta delas) podem ser analisadas pelo professor/tutor, com base nos dados devidamente garimpados (data-mining) e tratados, a fim de gerarem informações importantes, que são impossíveis de conseguir em atividades presenciais convencionais, embora sejam de extrema importância para o professor/tutor no gerenciamento/desenvolvimento de seu curso.

A interação entre aluno/professor ocorre de diversas formas – com ou sem tecnologia, presencial ou virtualmente. Já o processo de interatividade requer dos envolvidos uma interação com a máquina ou com outro recurso necessário para a troca de informações. Para que o uso dessas tecnologias faça realmente diferença na qualidade da EaD e propicie sua expansão, faz-se necessário o uso de metodologias de interação específicas, e não presenciais. Para evidenciar a real importância da interatividade na EaD, citemos as palavras de Wickert (1999):

> O futuro da EaD não se fundamentará no estudo solitário, em que o indivíduo conte somente com o material educativo para desenvolver a sua aprendizagem. E, sim, em ambientes em que a autonomia na condução do seu processo educativo conviva com a interatividade. Esta pode ser conseguida e prevista no planejamento, das mais diferentes formas: entre aluno/professor; aluno/experiências próprias e conhecimentos anteriores; aluno/aluno; aluno/conteúdo; e aluno/meio, utilizando os mais diversos recursos tecnológicos e de comunicação (p. 3).

As TICs impõem aprendizagens correlatas que nos levam a uma constante adaptação dos métodos pedagógicos para a construção de um ambiente que difere muito da sala de aula como conhecemos.

Cuidados com os aprestos na utilização das TICs no ambiente escolar

Com o surgimento dessas tecnologias no contexto escolar, há uma crescente necessidade de modificação das normas, não somente em relação à aquisição de conhecimento, mas também em relação à aquisição de equipamentos a serem utilizados como ferramentas que fornecerão o suporte necessário a todos os softwares utilizados no processo de aprendizagem.

É extremamente complicado delinear uma receita que funcione para todos os casos, pois cada um exige uma análise prévia da situação em que a instituição de ensino se encontra. Mais importante que sair comprando equipamentos é saber qual o objetivo da instituição ao utilizar as TICs.

O planejamento é essencial, pois nele são contemplados todos os objetivos e as metas a serem alcançados, a verba disponível, o público que irá utilizar-se das TICs e o número de alunos que serão atendidos nesse processo.

Mediante esses dados, já se pode traçar parâmetros e criar algumas projeções quanto à aquisição de computadores, impressoras, projetores multimídia, links de internet.

Uma pergunta sempre constante no processo de criação dos espaços colaborativos é: adquirir ou locar servidores?

Essa pergunta é muito fácil de ser respondida, visto que, atualmente, o custo de locação é extremamente baixo para montar toda uma estrutura de servidores.

Somente montamos uma estrutura dentro da instituição de ensino quando já temos uma estrutura básica de apoio, com técnicos qualificados que realizarão constantemente a manutenção dos servidores. Necessitamos, além de servidores, de links de internet, com velocidade de download e upload suficiente para suportar o tráfego que será gerado pelo acesso aos dados, e de disponibilização dos espaços colaborativos/gerenciadores de conteúdo. Se a instituição já tem uma estrutura montada, esse custo inicial de infraestrutura já foi diluído em projetos anteriores.

A escola pode contar com diversos programas de financiamento para a montagem dessa infraestrutura, mas, se tiver recursos próprios e não precisar lançar mão de financiamentos, é muito melhor.

Essa montagem requer conhecimentos dos quais uma boa parcela dos profissionais envolvidos com educação não dispõe. Nesse caso, faz-se necessária a contratação de uma consultoria especializada que irá trabalhar no sentido de dimensionar/especificar os equipamentos corretos que a escola deseja implantar. Sugerimos, posteriormente, que a escola solicite ao consultor capacitar o pessoal interno, a fim de que tenha autonomia nos processos mantenedores da tecnologia recém-implementada.

A escolha da consultoria deve ser baseada nas experiências anteriores de cada consultor. O importante não é o tamanho da empresa a ser contratada, pois, muitas vezes, uma empresa pequena pode ser bem estruturada e ter profissionais detentores de alto preparo, tendo assim condições de resolver problemas que as empresas de maior porte comumente resolveriam. Há de se destacar que um investimento menor por parte da contratante torna a opção de consultoria nessa área muito vantajosa. Tal procedimento deve ser muito bem documentado, do início ao fim do processo.

A documentação de todo o processo é fundamental para a sua reprodução em outras instâncias e, até mesmo, para o acompanhamento das etapas que serão desenvolvidas durante o projeto. Este pode ser dividido em fases, sendo a fase inicial o processo de criação ou terceirização da estrutura.

A polêmica entre montar ou terceirizar é muito particular e terá de ser analisada com base nos critérios expostos no projeto de criação da estrutura de Tecnologia de Informação (TI). Lembramos que boa parte da estrutura não poderá ser terceirizada, ou seja, deverá pertencer à escola ou, pelo menos, estar dentro dela (no caso de leasing). É o caso dos computadores e/ou terminais de acesso aos alunos. Nessa questão, em particular, há escolas que não disponibilizam equipamentos a seus aprendizes. Elas exigem que o aluno tenha um computador portátil (notebook, netbook ou tablet) para desenvolver os trabalhos durante o curso, sendo seu único compromisso fornecer acesso à internet, seja por meio de cabos de rede, seja por meio de redes sem fio. Dessa forma, a escola economiza muito com a constante atualização do parque de máquinas de seus laboratórios, concentrando toda atenção apenas no provimento da internet e dos softwares que serão acessados pelos alunos. É importante destacar que, de acordo com esse modelo, o cuidado com a rede é muito maior, pois cada computador conectado à rede da escola pode estar infectado por vírus trojans e worms. Cabe aqui uma rápida explicação sobre o que vem a ser vírus e sobre cada uma dessas pragas eletrônicas.

Um vírus é um programa (criado por um programador) que causa um evento inesperado, geralmente negativo, na máquina que for atacada por essa praga virtual. Os vírus são frequentemente apresentados como jogos ou imagens, que vêm com títulos inteligentemente criados, usando "engenharia social", como, por exemplo: **me**, **nude**. São programas que se "acoplam", isto é, se inserem dentro do código de outros programas ou de outras áreas específicas de um sistema operacional. Na maioria dos casos, o arquivo que foi contaminado fica maior, inchado por causa do código viral. Entretanto, nos casos de vírus que contaminam arquivos do tipo PE (Portable Executables) do Windows ou das áreas de **BOOT** e **MBR** (Master Boot record), tal efeito visual não é tão evidente, já que parte do código legal do programa foi descartado para dar espaço ao código do vírus (nos casos das áreas de Boot ou MBR). Pode acontecer também de o código viral se espalhar pelos espaços vazios, originalmente encontrados nos arquivos PE.

Worms (ou vermes, em português) são vírus de um tipo especial, isto é, programas que residem na memória ativa de um computador e que se duplicam, criando várias cópias idênticas, que são distribuídas pela rede local por e--mail ou mesmo por IRC (Internet Relay Chat). Tecnicamente, os worms não contaminam as máquinas por meio do ataque a arquivos ou a áreas especiais, sua única ação é a proliferação dos próprios worms.

Um programa do tipo **trojan** (mais adequadamente chamado de Trojan horse – Cavalo de Troia) é um programa malicioso que pretende se passar por uma aplicação benigna. Trojans não são vírus, pois não se replicam, mas, com certeza, são tão destrutivos e danosos quanto os vírus, conhecidos como back-doors. Back-doors são programas que instalam um ambiente de serviço em um computador, tornando-o acessível a distância e permitindo o acionamento do controle remoto da máquina sem que o usuário saiba.

Assim, o computador poderá ser totalmente controlado de longe por outra pessoa em outra máquina, possibilitando ao invasor qualquer atitude, como, por exemplo, ver arquivos, ler e-mails, ver senhas, apagar arquivos, dar boot na máquina, conectar-se (via rede) a outros computadores que ele tem acesso, executar programas de computador (como jogos), capturar todas as teclas digitadas da máquina para um arquivo (comprometendo acessos a sites seguros, como os de cartão de crédito, Internet Banking etc.) e, até, formatar disco rígido (o que permite que todos os dados existentes no computador se percam).

De posse dessas informações, é preciso tomar certas precauções ao abrir a rede da escola para a conexão desses equipamentos. Há modelos de segurança que vão além de somente oferecer um ponto de acesso à rede da escola. Eles também preveem a utilização de antivírus corporativo instalado no equipamento, além de submeterem o aluno a um cadastro para controle dos equipamentos usados por ele nos pontos de acesso. Isso aumenta a segurança nesses pontos de entrada que são extremamente vulneráveis.

Depois de definido quais equipamentos farão ou não parte do parque computacional, parte-se para a definição de qual sistema operacional será adotado. Nessa fase, pode-se optar por Sistemas Operacionais (SO) livres (Linux) ou SO pagos (Microsoft, MacOS). Os SO pagos são mais conhecidos por serem amplamente difundidos, já os SO livres estão conquistando lentamente uma parcela desse mercado. Cabe aqui uma consideração em termos de funcionalidade: tanto os SO pagos quanto os livres são muito similares. O linux há muito deixou de ser complicado de se trabalhar, pois a comunidade que lhe dá suporte tem se esforçado para deixá-lo muito intuitivo e prático.

Uma vez escolhido o SO, parte-se para os aplicativos que farão parte do ambiente. Esses aplicativos têm uma estreita relação com a escolha do SO, visto que softwares desenvolvidos para um SO nem sempre rodam em outro e vice--versa. Nesse momento, novamente nos remetemos ao planejamento e às metas a serem atingidas. Cabe aqui responder às seguintes perguntas: Com o que vou trabalhar? Quais atividades vou desenvolver com os alunos usando a TI? Tenho recursos para ter um parque híbrido? Posso ter licenças de Windows e Linux na mesma máquina? Tenho recursos financeiros para as licenças de SO e aplicativos (Microsoft Office, antivírus, Photoshop etc.)? Essas reflexões são importantes para determinar quanto e como utilizaremos os recursos para atingir os objetivos propostos no planejamento de uso da TI.

As sugestões aqui apresentadas têm caráter apenas orientador. Portanto, não temos a pretensão de propor uma receita única e "mágica", que funcione em todos os ambientes, visto que se faz necessário um estudo minucioso do ambiente educacional e dos objetivos a serem alcançados com a utilização da TI. Só assim teremos subsídios necessários para traçar um planejamento adequado de uso dos recursos computacionais existentes e dos que se fizerem necessários para os anos subsequentes.

Como tirar proveito das redes de relacionamento na educação

Podemos esperar muitas contribuições importantes por parte das TICs, à medida que nos inserimos neste contexto que nos cabe: aprimorar processos de formação e aprendizagem. Essa expectativa não é mecânica ou automática, porque, como toda dinâmica social e natural e também tecnológica, é ambígua.

Redes de relacionamento são estruturas sociais formadas por pessoas, geralmente indivíduos (ou organizações), conectadas por uma ou mais relações de interdependência, tais como: amizade, afinidade, crença, interesse profissional etc. Essas redes, comumente, são utilizadas para compartilhar ideias entre membros que têm interesses comuns.

A utilização das redes sociais na internet levou esse tipo de estrutura social a um novo contexto, ampliando sua abrangência social, econômica e geográfica. O surgimento das primeiras redes sociais na internet ocorreu entre as décadas de 1980 e 1990. Contudo, somente entre 2002 e 2004, as redes sociais tornaram-se mais populares dentre os serviços oferecidos na internet. Primeiro, com o Friendster; em seguida, com o MySpace, Orkut; por último, com o Facebook, que cresceu rapidamente ao ofertar a possibilidade de inserção de pequenas aplicações desenvolvidas por seus usuários. Além disso, hoje há uma tendência em utilizar o Facebook como ferramenta integradora de serviços fornecidos por diversas redes sociais.

Em 2009, surgiu o Twitter, um serviço de microblogging. É a rede social que mais cresce, ofuscando boa parte dos serviços preexistentes, apesar de ofertar um serviço extremamente simples, quando comparado com outras redes sociais. O Twitter ganha espaço a cada dia, por conta do desenvolvimento de uma imensa gama de novos serviços baseados na utilização da API (Application Programming Interface) pública, disponibilizada por seus idealizadores.

Além de permitir a comunicação e troca de mensagens entre seus participantes, princípio básico no conceito de redes sociais, passou a ser utilizado também na construção de conhecimento. A denominada *The Wisdom of Crowds* (*A sabedoria das multidões*), de James Surowiecki (2006), publicada em 2004, defende que o coletivo é mais inteligente que o indivíduo. O Wikipedia baseia-se nesse princípio, que, segundo a revista *Nature* (Giles, 2005), chega a ter mais entradas e ser mais preciso do que a Enciclopédia Britânica, mesmo sendo atualizado por qualquer usuário que desejar contribuir.

As redes sociais são hoje o quarto serviço mais popular entre os internautas. No mundo, as redes sociais são responsáveis por 1 em cada 10 minutos gastos na internet. No Brasil, esse número é mais alarmante – 1 em cada 4 minutos.

As evidências dessa crescente popularidade das redes sociais preocupam os profissionais da área de educação, pois tem-se observado um aumento nos índices de reprovação e uma constante diminuição no interesse e na participação dos alunos nas disciplinas escolares. Elencar as possíveis causas para o problema não é uma tarefa fácil, porém podemos observar alguns fatores comuns que auxiliam na compreensão desse problema.

Hoje, é evidente a crescente diminuição na interação entre alunos e professores e entre os próprios alunos. É muito comum os alunos não participarem ativamente das aulas presenciais por medo ou vergonha de falar em público, por receio das críticas ou, ainda, por serem motivo de piadas de seus colegas ou mesmo do educador. Contudo, os alunos que se retraem no momento de interação presencial com colegas e professores demonstram, normalmente, muita desenvoltura ao interagir virtualmente com seus pares nas diversas redes sociais disponíveis na internet.

As aulas são consideradas por muitos alunos eventos monótonos e desinteressantes, fato que força o professor a criar momentos atrativos para despertar a curiosidade e, assim, transmitir o conhecimento e facilitar a assimilação. Nesse contexto, somente a introdução de ferramentas de auxílio ao processo de ensino-aprendizagem e novos recursos tecnológicos não garantem motivação suficiente para romper as barreiras no aprendizado. Não há como garantir que essas tecnologias empregadas irão realmente motivar os alunos. Podem tornar-se mais uma barreira a ser superada, não só pelos alunos, mas também pelo professor.

A facilidade de acesso à informação na era da internet e do Google, em vez de impulsionar os alunos a novas pesquisas em diferentes fontes e propiciar a criação de trabalhos melhores, tem causado uma estagnação em muitos deles no momento de buscarem as respostas para seus problemas, pois os alunos já têm como verdade que, do mais simples ao mais complexo dos problemas, a resposta está na internet, o que os libera de qualquer esforço. Diante dessa nova realidade, surgem inúmeros desafios no instante em que o professor necessita avaliar o aprendizado dos alunos.

Em vista desses fatores, investir somente na informatização e na modernização dos recursos didáticos se mostra insuficiente. É necessário garantir que as novas ferramentas sejam utilizadas, que realmente gerem motivação nos alunos e que sejam eficazmente utilizadas pelos professores. O problema está em encontrar uma ferramenta de auxílio ao ensino-aprendizagem que: (i) seja motivante para alunos e professores; (ii) propicie a interação dos alunos entre si e com professores, de forma efetiva; (iii) não seja uma nova barreira cognitiva para o aprendizado; (iv) propicie um fácil e rápido acesso ao material didático utilizado nas aulas; (v) auxilie o professor nas avaliações de seus alunos, de forma efetiva.

A boa-nova é que tal ferramenta existe e já é utilizada por grande parte dos alunos e professores nas escolas brasileiras. Como mencionamos anteriormente, as redes sociais são, no Brasil, uma ferramenta quase universal, muito mais utilizadas que o correio eletrônico. Professores e alunos já se utilizam dela, diariamente, para interagir com amigos e pessoas com interesses comuns.

Por que, então, não utilizar as redes sociais para estreitar as relações e melhorar a interação entre professor/aluno e entre os alunos? Por que não utilizar as redes sociais como um mecanismo para facilitar a absorção do conhecimento apresentado em sala de aula, tornando-o facilmente acessível durante grande parte do tempo? Devemos levar em conta que 1 em cada 4 minutos, como mencionado anteriormente, há brasileiros utilizando algum tipo de rede social.

As redes sociais têm o poder de reunir gigantescos grupos de pessoas em torno de um mesmo assunto. Por que não utilizarmos então o conceito de *A sabedoria das multidões* (Surowiecki, 2006) para auxiliar no processo de produção e avaliação do conhecimento dos alunos?

A resposta para todas essas indagações é muito simples – os educadores não estão preparados para utilizar efetivamente as novas ferramentas e estimular seus alunos diante dessa nova proposta.

Quando se trata de ferramentas educacionais, é muito complexo falar em qualidade. Uma ferramenta de qualidade é aquela que proporciona ao aluno um alto grau de aprendizagem. Mesmo assim, como mensurar a qualidade, se o que foi aprendido por meio de uma ferramenta não seria assimilado da mesma forma ou talvez, até melhor, sem o seu uso? No processo de avaliação de uma ferramenta, a experiência dos envolvidos é fundamental.

Nas redes sociais, os papéis de professores/mestres são atribuídos àqueles capazes de apontar os caminhos dentro do universo virtual, conduzindo o aluno/aprendiz ao conhecimento. Nada de respostas padronizadas, pré-formatadas. Aprender no ambiente virtual é uma jornada infinita, e não um livro com um número exato de páginas.

A junção das ferramentas de comunicação digitais com as bases de informação e os relacionamentos das redes sociais transformam o ciberespaço na nova escola, sem paredes, sem carteiras, sem conceitos preestabelecidos e, principalmente, sem fronteiras. Tudo se interconecta numa infindável rede de conhecimento.

Agregando e desenvolvendo competências para gestão das TICs

Atualizar-se, assim como propiciar o contínuo aperfeiçoamento de sua equipe de trabalho, otimizando e melhorando as ações dentro da empresa baseando-se no conhecimento, são os pilares fundamentais da intelectualização, tornando-se fato primordial nas tarefas informacionais e na evolução da qualificação e implicando em modificações cruciais no trabalho e na lógica econômica.
O autor

A posição de Drucker (1993) sobre o sentido de pessoa na sociedade do conhecimento é:

Se nas sociedades anteriores, a pessoa instruída era um ornamento, na sociedade do conhecimento, a pessoa instruída é o emblema, o símbolo, o porta-bandeira... ela define a capacidade de desempenho da sociedade, mas também incorpora seus valores, crenças e compromissos (p. 165).

A formação do indivíduo

A formação do indivíduo, pré-requisito da configuração social atual, não é prioridade das instituições de ensino. Existem exigências de complementação e integração na formação, interfaceando com outras organizações que compõem essa malha social. Anteriormente, o paradigma educacional era o da linearidade; hoje, os modelos são mais complexos, integrados à formação e à inserção social do indivíduo. No processo de educação atual, tem-se a necessidade de motivar, seduzir e despertar no educando o desejo do aprender contínuo. Esse aprendizado vai além da esfera do fazer e evidencia a incorporação de valores éticos baseados no espírito e na cidadania.

Educação para a inserção e participação social é promover a criação de competências e conhecimentos que resultem nos objetivos do indivíduo e da sociedade, agregando-lhes um sentido existencial.

Entende-se como competência, segundo Miranda (2004), o

> [...] conjunto de conhecimentos, habilidades e atitudes correlacionados que afeta parte considerável da atividade de alguém; se relaciona com o desempenho, pode ser medido segundo padrões preestabelecidos e pode ser melhorado por meio de treinamento e desenvolvimento (p. 115).

O autor refere-se às competências técnicas desenvolvidas por meio de processos e métodos de aprendizagem, aplicando as ferramentas e utilizando operações de equipamentos. Existem ainda as competências conceituais, requeridas para trabalhos de análise e solução de problemas. Tais competências são individuais e estão presentes na relação indivíduo/trabalho, compondo um conjunto de competências organizacionais – chamado capital intelectual. A soma dos conhecimentos individuais de cada professor agregada aos conhecimentos oriundos dos alunos forma o que chamamos nas organizações de capital humano.

Nesse contexto, Valle (1996) comenta a influência da competitividade como valor agregado que se apresenta em forma de vantagem para qualquer empresa, o que "começa com as pessoas, sua disciplina, motivação, qualificação e participação" (p. 10) e recai sobre o valor da competência – a relacional.

Competências interpessoais e comunicacionais referem-se à capacidade de cooperação e trabalho em equipe e de conviver com os outros. No ambiente escolar, tais competências são constantemente exigidas para o desenvolvimento de projetos interdisciplinares, visando desenvolver estratégias motivacionais para o trabalho de novos conteúdos. As competências relacionais manifestam-se por meio das atitudes que auxiliam o melhor relacionamento interpessoal, promovendo o espírito de compartilhamento, não só de tarefas técnicas, mas, essencialmente, de ações benéficas ao convívio interpessoal, o que é vital para o processo construtivo do conhecimento e da vivência em sociedade. A competência cidadã é entendida como a aptidão de formular ações que propiciem a evolução integral de todas as camadas sociais. Na sociedade do conhecimento, o que está em evidência não é apenas a informação como valor de mercado, como valor agregado ao produto/serviço.

Morin (1996), ao expor os saberes necessários ao terceiro milênio, enfatiza a necessidade de se compreender que indivíduo, sociedade e espécie são coprodutores um do outro.

Desse modo, o autor aborda a importância de se recriar a democracia, baseando-se nas ações individuais de solidariedade e responsabilidade, fundamentando um novo sentido socioexistencial, que ele chamou de antropoética (Morin, 1996).

Na sociedade contemporânea, a unidade de informação deixa de ter "uma postura de depósito de informação para dar lugar a uma postura centralizada no processo de comunicação".

Vamos considerar aqui dimensões importantes no conjunto de competências e habilidades necessárias aos profissionais que utilizarão as TICs.

As competências técnicas evidenciam-se nas respostas dadas às rotinas de processamento e gerenciamento da informação. As conceituais são as que conferem o poder de análise, avaliação e síntese das informações.

O profissional contemporâneo faz uso das TICs como apoio em muitas de suas tarefas cotidianas, mas o que é fundamental e cabe destacar é o "saber usá-las adequadamente". O uso incorreto gera inúmeras perdas, causando insegurança e fragilidade nos negócios. A credibilidade no processo fica totalmente comprometida.

A inteligência competitiva baseia-se na difusão dos resultados alcançados por meio dos processos informacionais e nos valores por eles agregados aos serviços ou produtos. Logo, alguns atributos são necessários à oferta da informação: simplicidade, velocidade, agregação de valor e rentabilização, possibilidade de detecção dos principais indicadores e visão panorâmica de futuro. Neste ponto, dizemos que a competência conceitual faz-se necessária para a formação da inteligência competitiva da empresa e que deve se originar dos serviços oferecidos nas unidades de informação.

A unidade de informação nada mais é que um espaço de trabalho capaz de reunir pessoas em torno de objetivos comuns previamente traçados. Nesse ínterim, as relações interpessoais são estabelecidas, inúmeras ações do gerente são empregadas para manter um relacionamento profícuo entre os pares, favorecendo assim a participação do grupo no trabalho. Podemos elencar algumas dessas funções, destacando as do gerente de recursos humanos: formar equipes, motivar pessoas, influenciar os indivíduos. Os tópicos a seguir evidenciam a liderança, a motivação, a formação de equipes e o desenvolvimento de uma identidade e cultura organizacional.

Liderança, motivação e formação de equipes

A nossa intenção não é discorrer sobre as já consagradas teorias de motivação de Maslow, de Herzberg ou de Vroon. A primeira baseada nos níveis da necessidade humana; a segunda, na ênfase do ambiente de trabalho, incluindo aí a questão da higiene; e a terceira destacando os desejos e anseios do trabalhador. Todas as teorias aqui elencadas corroboram muito a compreensão das questões de motivação.

Nota-se, contudo, que o relacionamento interpessoal, o estímulo à capacitação, o seu desenvolvimento e a importância do seu papel social são fatores importantes à motivação. Sendo assim, motivar pessoas está intrinsecamente ligado às formas de liderança, atentando desse modo para a autonomia individual, maximizando seus conhecimentos e suas características, distribuindo responsabilidades e descentralizando processos, ao mesmo tempo em que propicia a formação de equipes integradas. A formação de uma equipe coesa dá-se pela potencialização dos atributos individuais de cada sujeito e de sua liberdade para criar e se desenvolver, sempre observadas as responsabilidades individuais e do grupo, que devem ser definidas de forma clara e objetiva.

As competências devem estabelecer-se nos e pelos processos grupais. O líder – aqui denominado gestor da informação – precisa harmonizar as habilidades do indivíduo com as atividades exercidas, gerenciando-as e oportunizando o intercâmbio de experiências, tanto fora quanto dentro do ambiente de trabalho.

Já é conhecida a necessidade do indivíduo em participar de equipes para desenvolver-se com e perante o outro. O comportamento competitivo deu lugar ao participativo nas organizações, o que publicamente favorece o desenvolvimento das competências relacionais. Nesse contexto, a comunicação e o intercâmbio de experiências promovem condições não só de melhoria na disponibilização da informação, mas também de desenvolvimento do indivíduo.

Formação da identidade e cultura organizacional

A cultura promove o desenvolvimento do indivíduo. Entende-se por cultura tudo aquilo que o ser humano produz ao formar o seu meio ou a sua existência (as teorias, as instituições, os valores – tanto materiais quanto espirituais –, as práticas). Cultura pode ser definida aqui como o somatório dos símbolos elaborados por um povo em um determinado tempo e espaço.

Geertz (2012) afirma que a cultura produz os sentidos e o espaço, em que os homens constroem suas teias de significados, partindo de suas interações cotidianas, que se apresentam como uma espécie de mapa para a organização social. A cultura pode ser entendida como uma estrutura de significações, como um conjunto de textos produzidos, lidos e interpretados pelos atores sociais.

A relação indivíduo/mundo é mediada por símbolos. Logo, não são apenas os grupos sociais que produzem cultura, as classes sociais, as instituições e as organizações também são responsáveis por essa produção.

A cultura da organização influi diretamente na constituição do indivíduo e na coletividade. Se a cultura organizacional é formada pelas unidades de informação, é possível afirmar que a formação de competências, necessárias à formação do profissional da informação, não se limita à formação escolar. Ao contrário, essa formação é um processo que perdura toda a existência do indivíduo e a ele são somadas as experiências trocadas no meio social, que são partes vitais na organização onde atua.

É possível afirmar que a cultura organizacional auxilia no desenvolvimento humano. Indivíduos e organizações são formados ao longo de suas próprias existências e estão continuamente expostos às mais diversas contingências. Cabe ressaltar a questão da formação da identidade da organização e do indivíduo. Identidade é um conjunto de características próprias e exclusivas, que diferenciam o ser perante um grupo social – organização ou cultura.

Assim, as organizações influenciam na maneira de ser de uma coletividade (em seus gestos e atos), por meio da conduta de seus gestores. Elas são socialmente corresponsáveis na formação identitária de um grupo social.

É possível afirmar ainda que a identidade nas organizações é constituída das interações mútuas dos indivíduos, e destes com as regras formais preestabelecidas, tais como valores e crenças. De maneira similar, as organizações exercem forte influência e contribuem para a construção da identidade do indivíduo.

É importante ressaltar que o valor que o indivíduo se autoatribui está intrinsecamente ligado a uma medida social de seu valor. Portanto, a formação da identidade une-se ao reconhecimento da utilidade social, econômica e técnica, à validade estética e ética e à liberdade de expressão do desejo individual na sociedade. É a capacidade do indivíduo de atrelar sentido à experiência adquirida.

Os relacionamentos cotidianos no trabalho propiciam um espaço para que o colaborador possa exercitar-se durante sua trajetória em busca do entendimento, construindo assim uma racionalidade própria.

Todo indivíduo tem um passado cultural galgado em sua socialização a ser continuada. No presente, o indivíduo utiliza-se de sua experiência no convívio, relacionando-se com as pessoas e interagindo culturalmente com o universo social de seu trabalho.

Percebemos que a tarefa de gerir o capital humano é desafiadora e complexa. Incide, principalmente, na construção das competências e nos processos e ocorre de forma contínua na interação entre trabalho/trabalhador.

Notamos que, em nossa sociedade atual, em que as mudanças ocorrem mais rapidamente, o indivíduo volta-se para o centro de seu trabalho, e o conhecimento passa a ter um papel mais importante na construção dos saberes corporativos. Isso implica o resgate da informação com base na experiência do indivíduo, levando em conta os fatores mercadológicos. Nesse ponto, o conhecimento é publicamente reconhecido não só economicamente, mas também na construção e na valorização do indivíduo como pessoa que se forma e é produto da cultura desenvolvida na organização.

Está em processo, portanto, não só a construção de uma nova sociedade, mas também a criação de uma nova conduta organizacional, para a qual o gestor do capital humano é chamado a contribuir efetivamente. Com isso, não deixam de existir as funções tradicionais de RH, que passam a ter um papel mais comprometido com a formação e a integração do indivíduo neste mundo em constante mudança.

As unidades de informação são vitais nesse processo, pois são organismos corresponsáveis e interativos, auxiliando na formação de um indivíduo mais integrado às complexas dimensões conceituais, técnicas, racionais, emocionais, relacionais.

Inovação disruptiva na escola

Apresentemos primeiro o tema **inovação disruptiva**, que indica como muitas empresas perdem sua liderança, porque não conseguem entender e ver novos entrantes no mercado. Atualmente, os novos entrantes, além da falta de inovação, são em grande parte os maiores inimigos de uma empresa, um produto ou um serviço. Eles podem ser criados baseando-se numa observação que a concorrência realiza para compreender de forma rápida e prática os consumidores, que, às vezes, querem apenas o "básico" (ou, muitas vezes, não sabem, mas acabam comprando por ser mais prático). Um bom exemplo foi a entrada da empresa de aviação Gol no mercado brasileiro.

As inovações de sustentação são tipicamente baseadas em tecnologia, enquanto as disruptivas são baseadas na comercialização. Por exemplo, o automóvel era uma tecnologia revolucionária, mas não era uma inovação disruptiva, pois não afetou o mercado dos veículos puxados a cavalo, por ser caro demais e de produção limitada. A inovação disruptiva foi o modelo de produção em massa de automóveis (idealizada por Henry Ford no início do século XX), que os tornou baratos e acessíveis às pessoas que tinham veículos puxados a cavalo.

A inovação disruptiva, termo criado por Clayton Christensen (2011), nada mais é do que um processo pelo qual um produto ou serviço começa por aplicações simples, na parte inferior de um mercado, e progressivamente se move para "a parte superior do mercado", acabando por deslocar ou eliminar concorrentes estabelecidos.

As inovações disruptivas permitem que uma população totalmente nova de consumidores tenha acesso a produtos ou serviços que foram historicamente apenas acessíveis aos consumidores de alto poder aquisitivo e com muita habilidade para usá-los.

As características das empresas disruptivas, ao menos em seus estágios iniciais, são: redução das margens brutas; mercado-alvo menor; produtos e serviços mais simples que podem não aparentar ser tão atraentes como as soluções existentes, quando comparados com indicadores de desempenho tradicionais. Porém, com o tempo, os produtos ou serviços são aprimorados e ganham novos mercados.

As empresas já estabelecidas em determinados mercados tendem a inovar mais rápido do que a mudança de comportamento de seus clientes, criando produtos ou serviços caros demais e até gerando inúmeros inconvenientes para seus clientes. Isso ocorre porque essas empresas estão apenas perseguindo a "inovação de sustentação", tentando perpetuar o sucesso histórico de seus produtos. Entretanto, acabam deixando uma enorme porta aberta para novas empresas disruptivas.

A ideia corrente é: "uma empresa é boa quando seus produtos superam, tecnologicamente, seus concorrentes". Christensen e seus colegas mostraram que essa ideia está errada, e que as boas empresas estão, geralmente, cientes das inovações, mas o seu ambiente de negócios não permite implantá-las, porque não são suficientemente rentáveis no início e o seu desenvolvimento perde recursos para as inovações sustentáveis.

Christensen (2011) define uma inovação disruptiva como soluções tecnologicamente simples, usando componentes de prateleira em uma arquitetura de produto mais simples que os existentes. Os produtos têm menos recursos que os oferecidos aos clientes de mercados estabelecidos, embora muitos deles sejam raramente utilizados. As inovações disruptivas oferecem um pacote diferente de atributos válidos para mercados emergentes e sem importância nos mercados estabelecidos.

Nem todas as tecnologias anunciadas como disruptivas prosperam como seus idealizadores esperam. Porém, algumas dessas tecnologias têm muito pouco tempo no mercado e seu destino final ainda não foi determinado.

No Quadro 3.1, damos alguns exemplos de inovação disruptiva.

Quadro 3.1 Exemplos de inovação disruptiva.

Inovação disruptiva	Tecnologia deslocada ou marginalizada	Notas
Microcomputadores	Mainframes	Apesar dos mainframes terem conseguido sobreviver em alguns nichos de mercado, os minicomputadores foram extintos.
Fotografia digital	Originalmente, fotografia instantânea, agora todas as formas de fotografia química	Câmeras digitais antigas sofriam com baixa qualidade de imagem e resolução, além de baixa velocidade de captura. Qualidade e resolução não são mais problemas, e a velocidade de captura melhorou consideravelmente. A conveniência de pequenos cartões de memória e discos rígidos portáteis, que podem armazenar centenas de milhares de fotos, sem terem de ser reveladas, ajudou a deslocar as câmeras químicas aos poucos fora do mercado ou para nichos.
Editoração eletrônica	Editoração tradicional	Os primeiros sistemas de editoração eletrônica não conseguiam atingir os sistemas profissionais high-end nem em funcionalidade, nem em qualidade. Porém, eles reduziram os custos de entrada nos negócios de editoração, e a economia de escala eventualmente acionou-os para passar as funcionalidades dos sistemas profissionais dedicados de editoração.
PC	Minicomputadores Workstation	Workstations ainda existem, mas cada vez mais são montados com peças de sistemas PC high-end, a ponto de a distinção estar começando a ficar difícil.
Computador portátil	Computador de mesa	Os computadores laptop foram criados para serem utilizados em aviões. Por boa parte de sua história, eles tinham menor performance, mas estão se igualando e o preço caindo, em razão do aumento considerável do uso.
Impressora	Impressão offset	Impressão offset possui um alto custo de operação, mas um menor custo de unidade produzida, além de qualidade superior. Contudo, as impressoras, principalmente a laser, têm aumentado a velocidade e a qualidade e agora são utilizadas em algumas publicações de baixa escala.

(continua)

Quadro 3.1 Exemplos de inovação disruptiva. *(Continuação)*

Inovação disruptiva	Tecnologia deslocada ou marginalizada	Notas
LED	Bulbo de luz	Os LEDs eram significativamente menores e consumiam menos energia que as lâmpadas convencionais. Os primeiros modelos serviam apenas como luzes de indicação em painéis. Hoje, são utilizados até para iluminação pública.
Download de mídia digital	CDs, DVDs	Tanto as indústrias de filmes quanto de músicas veem o P2P como uma ameaça bem real à sua existência.
Lousa digital	Lousa convencional + giz + apagador	As lousas digitais trazem interação e facilidade na hora de expor qualquer assunto em sala de aula, pois tornam mais rápido o processo expositivo.

Fonte: Quadro elaborado com base em Christensen (2011).

A indústria de computadores sofreu várias ondas de inovação disruptiva. A primeira foi a substituição dos mainframes por minicomputadores. A segunda foi a substituição dos minicomputadores por computadores pessoais. A terceira está começando com os tablets. Os sistemas operacionais, assim como a computação em nuvem (cloud computing), estão provocando novas perturbações no mercado, disponibilizando inúmeros recursos computacionais que antes eram economicamente viáveis apenas para grandes empresas. Hoje já são uma realidade para as pequenas e médias empresas. Essa nova filosofia de disponibilização de softwares (não mais como produtos, mas sim como serviços) tem gerado uma competição interessante no meio empresarial.

Contudo, o ambiente escolar está entrando nesse "mundo novo", de maneira um pouco tímida. Observamos que as escolas ainda não aderiram completamente à inserção da tecnologia em seu ambiente educacional. Entram nesse mercado utilizando-se de empresas especializadas na produção de material pedagógico e de recursos multimídia para auxiliar no processo de ensino-aprendizagem.

A inovação disruptiva também ocorre nas escolas e é claramente percebida na adoção de novas técnicas para o uso dos recursos computacionais existentes na escola. No entanto, somente adotar não resolve a questão, acreditamos que deva coexistir uma parceria entre educador-escola-empresa, para que o conteúdo seja atrativo e motive o aluno a pensar sobre os temas propostos.

Os materiais pedagógicos estão passando por uma reformulação, saindo da tradicional apresentação estática dos livros e apostilas para tomar a forma de arquivos eletrônicos com a inserção de vídeos, músicas narrações e exercícios interativos, fazendo assim com que o aluno deixe de ser um elemento passivo no processo de ensino-aprendizagem. Esses materiais podem tanto ser embarcados em dispositivos móveis (tables, smartphones etc.) quanto em sites mantidos pela escola.

Essa evolução provoca uma mudança no comportamento do professor, pois tira-o da inércia antes vivida e torna-o mais ativo e corresponsável no processo de aprendizagem, utilizando a TI como forte aliada para atingir o fim primário: formar um indivíduo adaptado à nova realidade que a escola vive.

Considerações finais

Procuramos evidenciar, neste capítulo, que o papel do professor contemporâneo está mais para mediador do que para detentor e fonte de todo o conhecimento. Cabe a ele gerenciar e agregar todos os benefícios oriundos das ferramentas computacionais em prol da formação do indivíduo.

Um universo educacional descortina-se a cada dia na aldeia global (internet), sendo essencial que o educador esteja preparado para corresponder ao que de bom ele tem a oferecer. É constante a imposição de desafios inéditos e cada vez mais complexos, exigindo uma busca do pleno domínio pelo educador.

Verificamos aqui a importância do papel que a tecnologia vem desempenhando dentro do ambiente escolar, no universo corporativo, e, sobretudo, na sociedade.

Portanto, investir na infraestrutura de TI da escola é fundamental, não só para acompanhar as tendências atuais de softwares e hardwares disponíveis no mercado, como também para propiciar sempre as melhores ferramentas ao educador, ao qual cabe a tarefa de melhor adequar os recursos ao contexto da aula desenvolvida.

A escola necessita cada vez mais estreitar os laços entre tecnologia e educação, para fornecer ao educando um ambiente estimulante e propício à educação. Dessa maneira, a escola conseguirá coexistir na era digital.

Bibliografia

BELLONI, M. L. *Educação a distância*. 3. ed. São Paulo: Autores Associados, 2003.

CHRISTENSEN, C. M. *O dilema da inovação: quando as novas tecnologias levam as empresas ao fracasso*. São Paulo: M. Books, 2011.

DEMO, P. *Complexidade e aprendizagem: a dinâmica não linear do conhecimento*. São Paulo: Atlas, 2002.

_____. *Aprendizagem no Brasil: ainda muito por fazer*. Porto Alegre: Mediação, 2004.

DRUCKER, F. P. *Sociedade pós-capitalista*. 3. ed. São Paulo: Pioneira, 1993.

FOUCAULT, M. *A ordem do discurso*. São Paulo: Loyola, 2000.

FREIRE, P. *Pedagogia da autonomia: saberes necessários à prática educativa*. Rio de Janeiro: Paz e Terra, 1997.

GEERTZ, C. Nova Luz sobre a antropologia. Tradução Vera Ribeiro. Disponível em: <http://pt.scribd.com/Emerson%202012/d/38565090-10-Geertz-Clifford-Nova-Luz-Sobre-a-Antropologia>. Acesso em: 20 mar. 2012.

GILES, J. Internet encyclopaedias go head to head. *Nature*, n. 438, p. 900-901, 15 dez. 2005. Disponível em: http://www.nature.com/nature/journal/v438/n7070/full/438900a.html. Acesso em: 19 nov. 2013.

LITWIN, E. Das tradições à virtualidade. In: _____. *Educação a distância. Temas para o debate de uma nova agenda educativa*. Porto Alegre: Artmed, 2001.

MATURANA, H. *Cognição, ciência e vida cotidiana*. Belo Horizonte: Humanitas/UFMG, 2001.

MINISTÉRIO DA EDUCAÇÃO E DO DESPORTO. Secretaria de Educação Fundamental. Parâmetros Curriculares Nacionais. Terceiro e quarto ciclos do Ensino Fundamental. Volume 1. Língua Portuguesa. Brasília (DF): MEC/SEF, 1998.

MIRANDA, S. V. Identificando competências informacionais. *Ciência da Informação*, Brasília, v. 33, n. 2, 2004.

MORIN, E. *Ciência com consciência*. Rio de Janeiro: Bertrand Brasil, 1996.

OLIVEIRA, M. M. M.; VALLADARES, R. de C. C. O uso da informática na sala de aula e (des)caminhos. *Presença Pedagógica*, v. 5, n. 26, mar./abr. 1999.

SILVA, M. *Sala de aula interativa*. Rio de Janeiro: Quartet, 2001.

_____. *Educação online: teorias, práticas, legislação, formação corporativa*. São Paulo: Loyola, 2003.

STAUFFER, T. *Web 2.0 blog*. Nova York: MacGraw-Hill, 2008.

SUROWIECKI, J. *A sabedoria das multidões*. Rio de Janeiro: Record, 2006.

VALLE, B. de M. Tecnologia da informação no contexto organizacional. *Ciência da informação*, Brasília, v. 25, 1996.

WICKERT, M. L. S. *O futuro da educação a distância no Brasil*. Palestra
apresentada em mesa redonda "O futuro da educação a distância no Brasil". Centro de Educação Aberta/Continuada – CEAD. Universidade de Brasília, 5 abr. 1999.

CAPÍTULO 4

Tecnologias de Informação Aplicadas na Escola

Bárbara Alessandra G. P. Yamada
Benedito Fulvio Manfredini

Quanto mais tecnologias, maior a importância de profissionais competentes, confiáveis, humanos e criativos.
José Manuel Moran

Ampliar os conhecimentos sobre tecnologia é desafiador, uma vez que, além de ser a base do progresso da sociedade moderna, a todo o momento uma nova tecnologia é criada.

Segundo Diniz (2010), "um fator a ser considerado é o custo tecnológico. Este abrange o custo financeiro e também o custo de tempo para se aprender ou se adaptar a uma nova tecnologia" (p. 3). Ainda conforme o autor, o grande paradigma atual é o tempo.

Os profissionais que estão em plena atuação no mercado de trabalho, estando completamente envolvidos por suas atribuições do dia a dia, têm pouco tempo para se dedicar a atualizações ou estudos. Em geral, utilizam as ferramentas tecnológicas que já conhecem e pouco tempo resta-lhes para aprender um novo recurso, conhecer um equipamento ou, até mesmo, uma nova técnica.

O tempo e outras resistências do cotidiano acabam por não auxiliar a romper barreiras ante à avalanche de informações e às alternativas que fervilham diante desses profissionais.

Em contrapartida, os jovens estudantes estão cada vez mais sedentos por novas tecnologias que venham a facilitar-lhes as atividades diárias escolares. Utilizam os novos recursos sem temor algum, devido à grande facilidade de se adaptarem ao novo. Contudo, na maioria das vezes, a utilização desses recursos dá-se de forma mecânica e sem aprofundamento, pois não explora as suas potencialidades máximas ou, ainda pior, explora de forma errônea, somente fazendo adaptações das características da tecnologia às necessidades do momento.

Segundo Chaves (2004), as tecnologias, atualmente, disponíveis amplificam os poderes intelectuais do ser humano, estendendo seu poder de aquisição, organização, armazenamento, análise, relacionamento, integração, aplicação e transmissão de informação.

Desse modo, torna-se necessário conhecer alguns fatores que abrangem o uso de novas tecnologias inseridas na área educacional, assim como detalhar algumas delas.

Como a área educacional é vasta, procurou-se restringir, neste capítulo, uma apresentação de algumas tecnologias da informação possíveis de serem adotadas no contexto escolar.

A utilização de algumas novas tecnologias pode servir de motivação para o ensino e aprendizagem de novos conhecimentos e facilitar a prática docente. Assim, a aprendizagem inovativa pode tornar-se "um meio de preparar o indivíduo para enfrentar situações novas e é requisito indispensável para a solução de problemas globais" (Bastos apud Abreu Gonçalves, Pagnozzi, 2003, p. 47).

Quanto ao papel do educador nestes tempos de inovações tecnológicas, Moran (2009) afirma que ele está se transformando cada vez mais, na medida em que está ensinando menos, orientando mais, articulando melhor e interagindo mais com os alunos. Dessa forma, os momentos em salas de aula estão sendo mais utilizados para a realização de tarefas que envolvam pesquisas, produção, apresentação e avaliação.

Atualmente, o ambiente escolar encontra-se confrontado pelas tecnologias que emergem, dia a dia, novas perspectivas vislumbrando novos modos de pensar e agir.

A educação passa, portanto, a ser um processo de profunda interação humana, com menos momentos presenciais tradicionais e múltiplas formas de orientar, motivar, acompanhar, avaliar (Moran, 2009).

Antes de discutirmos essa nova possibilidade, tomemos como embasamento alguns conceitos.

O que é tecnologia?

De acordo com Diniz (2010),

> a palavra tecnologia é uma derivação do grego τεχνη que tem como significado técnica, arte, ofício e λογια que quer dizer estudo. [...] Tecnologia é um termo que envolve o conhecimento técnico, científico, ferramentas, processos e materiais criados e/ou utilizados a partir de tal conhecimento (p. 3).

Consoante Chaves (2004), a tecnologia pode ser concebida de forma ampla, como qualquer artefato, método ou técnica criados pelo homem, com o objetivo de suavizar seu trabalho, facilitar sua locomoção e sua comunicação ou simplesmente tornar sua vida mais agradável. Nesse sentido, a tecnologia não é algo novo, mas pode ser entendida como tão antiga quanto o próprio homem.

É muito comum confundir tecnologia com técnica, por isso, cabe, ainda que brevemente, conceituar técnica, de forma distintiva, "como o processo de desenvolver meios de responder ao interesse e aos anseios do ser humano, de transformar seu ambiente, a fim de alcançar meios novos e melhores de suprir suas necessidades" (Diniz, 2010, p. 4). Em conformidade com o autor, pode-se definir a técnica como um meio estudado e registrado de realizar algo repetidamente, para atingir a mesma resposta.

O objetivo da tecnologia, na maioria das vezes, é confundido de forma equivocada com a utilização de equipamentos eletrônicos. Verdadeiramente, a tecnologia objetiva principalmente ajudar na resolução de problemas, por meio de métodos, técnicas, ferramentas e materiais em diversos setores. Desse modo, "o desenvolvimento tecnológico também é a aplicação de métodos mais eficientes de trabalho, que resultem em soluções melhores, com uma melhor utilização de recursos humanos e financeiros" (Diniz, 2010, p. 4).

Para Chaves (2004), determinadas tecnologias criadas pelo homem não são relevantes para esse segmento, como, por exemplo, aquelas que somente aumentam a força física ou aquelas que tornam uma locomoção mais rápida. Percebe-se, portanto, que nem tudo que a contemporaneidade oferece em termos tecnológicos é aplicável no campo do saber.

São relevantes para a educação as tecnologias que estendem os poderes sensoriais do ser humano, como o telescópio, o microscópio e os demais instrumentos que ampliam as funções dos órgãos responsáveis pelos sentidos. Esses instrumentos possibilitaram a ciência moderna e experimental. São igualmente relevantes para a educação as tecnologias que aumentam a capacidade de comunicação do ser humano. Algumas, como a fala, a escrita e a imprensa, são datadas antes do século XIX; outras, como o correio moderno, o telégrafo, o telefone, a fotografia, o cinema, o rádio, a televisão, o vídeo, foram criadas nos dois últimos séculos (Chaves, 2004).

Já as tecnologias focadas no computador, que favorecem a ampliação do intelecto do ser humano, são bastante recentes, e a maioria foi criada após 1940. Vale observar que o computador está absorvendo, de forma gradual, as tecnologias de comunicação, à medida que elas são digitalizadas. Elas se tornaram um conjunto de atividades e soluções, que permitem o acesso, num primeiro momento, a obtenção, armazenamento, gerenciamento e uso das informações.

No setor educacional, a tecnologia auxilia o professor a promover igualdade de oportunidades, visto que melhora a forma de difundir e gerir o conhecimento. É preciso que o professor tenha em mente que a utilização de tecnologias na área educacional, atualmente, é de primordial necessidade, para que possa ser fornecido ao aluno um novo meio de aprendizagem e interatividade. No entanto, não existe uma ação mágica para se atingir esse intento. Para utilizar-se da melhor maneira dos recursos hoje disponíveis, é preciso construir uma cultura que promova uma relação segmental e que resulte em um bom desempenho entre ensino e tecnologia. Dessa forma, projetos, que possibilitem o uso adequado de ferramentas, de sistemas e de outros meios que façam dessa relação um diferencial, devem ser desenvolvidos de tal forma que apresentem resultados realmente relevantes, permitindo transformar as informações em algo compensador.

Em relação à área das Tecnologias de Informação e Comunicação (TICs), há diversos recursos que podem e devem ser explorados pelos docentes, por meio da utilização de computadores. Esses recursos são, em grande parte, gratuitos e, em geral, já são conhecidos pelos alunos.

Internet: origem e funcionamento

Internet, segundo o dicionário Houaiss (2009), é uma "rede de computadores dispersos por todo o planeta que trocam dados e mensagens utilizando um protocolo comum [...]".

Sua criação deu-se, de acordo com Maran (1999), pelo Departamento de Defesa dos Estados Unidos, no final da década de 1960, em plena Guerra Fria, e expandiu-se de forma vertiginosa, com o objetivo de dotar o governo americano de um sistema de comunicação rápido, eficiente e confiável, tornando-se assim um diferencial estratégico militar.

Inicialmente, foi utilizada por cientistas e pesquisadores e depois por faculdades, empresas, bibliotecas e pessoas. É impossível, hoje, saber o número de usuários da internet, embora existam várias pesquisas que apontem percentuais, que, na realidade, ficam no campo da aproximação, pois estudos de quantificação desse fenômeno mostram que a cada dia mais pessoas utilizam-na. O fato é que a internet revolucionou o funcionamento da sociedade moderna, oferecendo múltiplas possibilidades de uso.

Trata-se de um sistema que tem uma abrangência descomunal, definido como um conjunto de interligações voluntárias entre redes, que suporta milhões de documentos, inúmeras bases de dados, incontáveis recursos e diferentes métodos de comunicação. A internet é composta por milhares de redes conectadas em todo o mundo e, em geral, é denominada **rede**, **infovia** ou **ciberespaço**.

Denomina-se rede um conjunto de computadores conectados para o compartilhamento de informações. É de responsabilidade de cada governo, companhia ou organização a manutenção da sua própria rede na internet. Em geral, as informações na internet são gratuitas, podendo ser fornecidas pelos governos, pelas universidades, pelas companhias e pelas pessoas, com fins de instrução ou entretenimento público.

Como todos os computadores conectados à rede trabalham em conjunto para o compartilhamento de informações ao redor do mundo, caso uma parte apresente falhas, as informações seguirão por uma nova rota de computadores até que cheguem ao destino. Essas informações são enviadas em partes chamadas pacotes. Cada pacote navega pela rede e pode seguir um caminho distinto para chegar ao destino, onde os pacotes são reunidos e remontados.

Para se conectar, são necessários provedores, softwares e equipamentos específicos.

O provedor de serviço é uma empresa que fornece acesso a rede, mediante uma taxa. São exemplos de provedores: UOL (Universo Online), IG, Terra, Yahoo, Globo, Velox, entre outros. Alguns provedores oferecem uma quantidade determinada de horas diárias ou mensais por um preço fixo. Outros fornecem acesso ilimitado a uma taxa fixa, como os provedores de Telecom.

Software, basicamente, é uma sequência de instruções a serem seguidas e/ou executadas, que redireciona ou modifica um dado, ou uma informação, ou um acontecimento, utilizado com o fim específico de navegação na rede e consumo de mídias digitais. São exemplos de softwares: Internet Explorer, Mozilla Firefox, Opera e outros.

São equipamentos: o computador e o modem. O modem permite que os computadores troquem informações por meio de cabos. O modem emissor envia informações convertidas, de forma que possam ser transmitidas pelos cabos. Já o receptor converte novamente as informações recebidas em um formato que possa ser entendido pelo computador. A rapidez no envio e no recebimento de informações é determinada pela velocidade do modem, que é medida em bits por segundo (bps).

No decorrer das últimas décadas, o progresso, associado ao aspecto audiovisual e telecomunicativo, ocorreu em proporções titânicas, o que permitiu controle e criação de incontáveis novos serviços. Desse movimento progressivo, resultou o desenvolvimento das redes de banda larga (com fio e sem fio) e da internet móvel. Compreendidas como gerações, aplicações interativas renovaram a maneira de as pessoas se relacionarem, criando uma cibercultura.

Com tantas novas formas de atendimento, e como não poderia deixar de ser, esse conjunto de interligações entre redes chegou ao ambiente escolar com a proposta de renová-lo. Nas palavras de França (2011),

> A internet é uma alternativa na área educacional. Essa mídia facilita pesquisas, favorece a integração entre professores e alunos, alunos e alunos, professores e professores, além de promover a troca de experiências e, por conseguinte, eliminar a distância geográfica (p. 5).

Atualmente, ensinar e aprender já não significa mais estar somente em uma sala de aula. O professor deixa de ser a única fonte de transmissão de conhecimento e passa a ser um fomentador/orientador de pesquisas, propiciando uma interação constante e ampla, em que professores e alunos aprendem por meio de diversos recursos, como: a televisão, os ambientes virtuais, as páginas da internet.

Serviços disponibilizados pela internet

Como vimos, a internet ganhou espaço e aceitação nos últimos anos, devido à eficiência de seus recursos e à facilidade de sua utilização, conquistando assim um público heterogêneo.

Compreendendo um universo multifacetado e cheio de inovações, despertou o interesse da sociedade, principalmente no que tange aos serviços extremamente úteis que ela disponibiliza.

Na sequência, vejamos o correio eletrônico, um dos serviços mais utilizados.

1. **Programas de correio eletrônico:** todos os programas de correio eletrônico têm uma característica em comum – permitem que você escreva, envie e receba mensagens, além de oferecer a melhor organização delas. Eles são produzidos seguindo o padrão dos protocolos de comunicação, o que possibilita a compatibilidade entre a troca de mensagens desses softwares. Os mais conhecidos são o Thunderbird (fornecido pela Mozilla) e o Outlook (fornecido pela Microsoft).

2. **Endereço eletrônico:** assim como num endereço postal, o eletrônico tem todos os dados de identificação necessários ao envio de uma mensagem a uma determinada pessoa. Ele é composto por três partes: a primeira refere-se ao destinatário da mensagem, a segunda, ao caractere @ (arroba em português e *at* em inglês) e a terceira, à localização do destinatário. O endereço eletrônico, assim como um endereço residencial, é único e tem a obrigatoriedade de o ser. Para criarmos um endereço eletrônico, temos de tomar alguns cuidados, por exemplo, não usar um nome apenas (sugestão prenome.sobrenome@nomedodominio, ex.: fulvio.manfredini@gmail.com). Vale ressaltar que o nome do domínio é fornecido pelos provedores desse serviço, que no caso do exemplo é o Gmail.

3. **Utilização:** pode-se, por meio do correio eletrônico, solicitar arquivos e informações, fazer pesquisas, enviar comandos a computadores remotos que realizam tarefas para o usuário, enviar, ler e imprimir mensagens e enviar propagandas de produtos e serviços (o mais utilizado atualmente).

4. **Como enviar mensagens:** a maneira de enviar uma mensagem é particular de cada sistema operacional/ambiente utilizado. Para obter mais detalhes, leia a documentação específica do produto. Você pode compor a mensagem sem estar conectado na rede e posteriormente enviá-la, bastando, para isso, abrir o software e configurá-lo para trabalhar no modo off-line ou desabilitar a opção Imediate Send.

5. **Como preencher o endereço: To** (para) refere-se ao endereço de e-mail do destinatário; **Co** significa Carbon Copy (literalmente cópia carbonada). Nesse espaço, insere-se o endereço de e-mail da pessoa a quem deseja enviar uma cópia. Essa opção pode ficar em branco, caso não deseje enviar cópia;

Bcc significa Blind Carbon Copy (literalmente cópia cega), muito usada quando desejamos enviar uma mensagem para alguém, sem que os demais destinatários tenham acesso aos e-mails do grupo. Sugerimos sempre usar o **Bcc** no caso de e-mails de listas, quando vamos enviar para muitas pessoas. Assim, evitamos que pessoas mal-intencionadas capturem os endereços de nossa lista; **Subject** é o local em que inserimos o assunto ao qual se refere a correspondência. É opcional, mas, quando preenchido, torna-se muito útil, pois o destinatário consegue identificar o assunto e, assim, o tratará (ou não) com maior prioridade.

6. **Como receber mensagens:** os comandos a serem utilizados variarão de acordo com o programa de correio eletrônico que estiver sendo utilizado.

7. **Como enviar um arquivo:** pode-se escrever uma mensagem e enviar junto um ou mais arquivos anexos, como documentos, textos, planilhas etc. No caso de arquivos muito grandes, eles devem ser enviados comprimidos (zipados), pois dessa maneira diminuirá o seu tamanho, acelerando o envio.

8. **Etiqueta no uso do correio eletrônico:**
   - Evite enviar mensagens com acentos ortográficos, pois, dependendo do programa, não será possível entendê-las.
   - A linguagem informal é muito utilizada e bem-aceita, embora se devam evitar gírias regionais.
   - Evite insultos ou mensagem que não queira tornar pública; seja elegante e ético em sua comunicação.
   - Evite escrever o texto com letras maiúsculas.

9. **Envio de emoções pelo correio eletrônico:** é possível mostrar emoções na rede por meio de símbolos. Veja, a seguir, alguns deles e utilize-os sempre que couberem, tornando as mensagens mais agradáveis:

:-) – felicidade	[ ]'s – abraços	@))-> – uma rosa
:-D – risadas	:* – beijos	:))))) – gargalhadas
:-x – beijinho	;-) – piscando o olho	:-(– tristeza

Um dado interessante é que o número de endereços de e-mails no mundo chegou a 3,1 bilhões em 2011. Aproximadamente 71% dos e-mails enviados por essas contas, no entanto, eram spam (até novembro de 2011). O maior serviço é o Hotmail, com 360 milhões de contas.

A seguir, outros serviços disponibilizados pela internet.

a) **Serviço de informação:** a internet é composta basicamente de informação, pois, por meio dela, temos acesso a jornais, revistas, materiais acadêmicos, documentos do governo, programas de televisão, listas de empregos, redes de relacionamentos, entre outros.

b) **Softwares:** milhares de programas estão disponíveis na internet. Eles incluem processadores de texto, planilhas, sistemas para gestão empresarial, utilitários, antivírus, jogos, proteções de tela, tocadores de mídias digitais (mp3, mpg, avi e outros), softwares para gravação e autoração de discos etc.

c) **Serviço de entretenimento:** muitos utilizam a internet com o único fim de entretenimento, buscando na rede jogos, filmes, musicais, músicas, conversas interativas (esta tem sido uma das maiores utilizações da rede nos últimos anos). O número de usuários na internet, no mundo em 2011, chegou a 2,1 bilhões, de acordo com dados divulgados no relatório anual da Pingdom, empresa de monitoramento de sites. O maior número de internautas está concentrado na Ásia, com 922,2 milhões de usuários, seguido da Europa (476,2 milhões) e América do Norte (271,1 milhões). A América Latina e o Caribe ficaram em quarto lugar em número de usuários, com 215,9 milhões. Em seguida, vem a África (118,6 milhões), o Oriente Médio (68,6 milhões) e a Oceania/Austrália (21,3 milhões). Segundo a consultoria, quatro entre dez internautas no mundo têm menos de 25 anos. A China é o país com o maior número absoluto de internautas, que, segundo a Pingdom, é de 485 milhões.

d) **Newsgroups:** podem-se associar newsgroups, também chamados de grupos de debate, ao encontro de pessoas com interesses semelhantes, além da possibilidade de fazer perguntas, debater problemas, ler artigos. Os newsgroups têm a função de informar os assuntos que o grupo se propõe a discutir.

e) **Compras e serviços on-line:** podem-se adquirir itens pela internet, encomendar serviços, realizar operações bancárias, receber resultados de exames médicos. Outro dado interessante é que cerca de 300 milhões de sites foram criados durante o ano de 2012. Os domínios mais populares ainda são: ".com" (105 milhões), ".net" (14,8 milhões) e ".org" (9,9 milhões).

f) **Download de informações** (ou baixar informações): além do recebimento de informações de outro computador, é possível também baixar arquivos contendo música, livros em PDF (ou outro formato destinado à leitura em dispositivos móveis), filmes e vídeos. Os arquivos, em sua grande maioria, são disponibilizados para download não respeitando os direitos autorais. Deve-se verificar sempre a procedência e ler os termos de cessão dos arquivos, pois alguma lei pode estar sendo infringida. Nem tudo que está na internet é de domínio público. Pirataria é crime.

g) **Upload de informações:** enviar informações para outro computador segue o mesmo princípio legal do download. Nesse caso, é o usuário quem envia os arquivos para a rede. Pode-se enviar um arquivo de texto, vídeo, música etc. Deve-se tomar o mesmo cuidado, pois tudo o que é feito na rede pode ser rastreado.

Vantagens do uso da internet na educação

A utilização dos recursos da internet pode estimular os alunos às mais diversas atividades, com os mais variados temas. As pesquisas em inúmeros sites fornecem subsídios ao docente e promovem alterações salutares no ensino, visto que são entendidas como metodologias ativas, que têm por objetivo facilitar e aumentar a construção do conhecimento do educando.

Por meio de sites nacionais ou internacionais, podem ser acessados vídeos, músicas ou imagens. O material advindo desses acessos pode ser usado pelo docente em suas aulas, para estimular a percepção, a sensibilidade e a memória visual do aluno, já que imagem e áudio trabalham o cérebro e a cognição do indivíduo. São recursos poderosos para a ampliação dos espaços educativos e pedagógicos, aos quais os professores podem recorrer transpondo os limites da sala de aula.

Nas palavras de Abreu, Gonçalves, Pagnozzi (2003),

> A Internet pode ser considerada como uma opção de infraestrutura para as novas estratégias no processo educacional, uma vez que se pode creditar às Tecnologias de Informação e Comunicação emergentes o suporte para o desenvolvimento da modalidade de ensino não presencial baseado na web (p. 55).

Atendo-nos à abordagem-base deste capítulo, o aluno deve ser considerado por esse processo educacional como pessoa ativa, que tem capacidade para gerenciar sua autoaprendizagem. Para isso, tornam-se necessárias a oferta de serviços de apoio, estratégias interativas e integração de vários tipos de mídia. Desse modo, a internet deve ter sua função ampliada – de ferramenta de consulta de informação e de pesquisa para um ambiente de comunicação e aprendizado. Pode então ser entendida como uma plataforma de ensino, composta por um vasto conjunto de modelos interativos, constituídos por atores, informação, gerenciamento, apoio aos aprendizes e ferramentas colaborativas.

Em termos operacionais, o espaço de educação na web (rede mundial de computadores) precisa vislumbrar estratégias pedagógicas que favoreçam a aprendizagem, rompendo barreiras de tempo e espaço entre educando e educador. A previsão dessas estratégias pedagógicas deve então proporcionar uma série de alternativas, isto é, fornecer uma variedade de conhecimentos e orientar a integração das distintas mídias que favoreçam determinadas práticas pedagógicas, adequadas às etapas de um curso.

A experiência de viver situações pedagógicas na web, o uso de ferramentas disponibilizadas na internet, a possível personalização de atividades e informações e a capacidade de assimilação de conceitos próprios das tecnologias digitais representam vantagens competitivas aos atores envolvidos no processo de educação virtual.

A Educação a Distância (EaD), por exemplo, caracteriza-se, segundo o Decreto 5.622/2005, como:

> Art. 1º [...] modalidade educacional na qual a mediação didático-pedagógica nos processos de ensino e aprendizagem ocorre com a utilização de meios e tecnologias de informação e comunicação, com estudantes e professores desenvolvendo atividades educativas em lugares ou tempos diversos.

Esse modelo faz com que flexibilidade, desenvolvimento de competências, recursos tecnológicos e custos conservem entre si uma determinada proporção de harmonização e adaptação. Torna-se, portanto, oportuno que o aluno escolha o local e o horário de estudo, adequando sua vida acadêmica ao seu ritmo de estudo e aprendizagem; amadureça no que se refere à organização dos estudos e se torne autônomo quanto à sua aprendizagem; utilize recursos tecnológicos eficazes e de qualidade, sob orientação de professores e tutores; estude mediante um menor custo, tanto em relação à mensalidade quanto a custos com transporte, alimentação etc.

Outrora outras mídias fizeram parte dos recursos utilizados no sistema ensino e aprendizagem, buscando o desenvolvimento de diferentes habilidades dos alunos. Hoje, gestores e educadores podem (e devem) se voltar para a internet para, igualmente, desenvolver as potencialidades dos alunos, contando, sobretudo, com um nível de excelência quanto à interatividade e à maior integração entre elementos de diferentes aportes.

Não nos atreveríamos a generalizar, mas, com certeza, podemos compor, direcionar, flexibilizar e contextualizar essas capacitações.

Para tanto, preparo, empenho (em médio e/ou longo prazo), conhecimentos, assimilação de informações devem fazer parte de um conjunto que perfaça o perfil do professor que ensina utilizando-se da internet. Não se deve temer a perda do controle do processo educativo, pois tal postura resulta em uma visão equivocada, uma vez que, diante desse novo contorno, o educador torna-se aquele que auxilia e orienta a construção do conhecimento do aprendiz. Trata-se apenas de uma potencialidade que possibilita guiar esse aprendente por meio de algo que compõe a sua realidade.

Todo o nosso esforço em refletir e discutir sobre este novo momento vai ao encontro de novas possibilidades que tornem esse processo possível e eficaz, no momento em que incentivamos novas possibilidades, novos critérios, novos projetos, novas ações, sem afastarmo-nos do princípio do processo educativo – transcender a formalidade escolar, permitir a transferência cultural, para que o indivíduo adapte-se à sociedade e adquira a capacidade de desenvolver suas potencialidades, obtendo como resultado a evolução da sociedade em que vive.

Passemos a algumas possibilidades de uso de tecnologias que permitem colocar pedagogicamente em prática o que aqui foi discutido.

Webquest

A estratégia webquest pode favorecer o ensino-aprendizagem, bem como a aquisição de diversas competências colaterais previstas no currículo. Trata-se de uma atividade de aprendizagem que aproveita a imensa riqueza de informações contidas na web. O conceito de webquest foi criado, em 1995, por Bernie Dodge, professor da universidade estadual da Califórnia, nos Estados Unidos, como proposta metodológica para usar a internet de forma criativa, originando assim uma atividade investigativa, na qual parte (ou toda) da informação com que os alunos interagem provém da internet.

Essa ferramenta pode ser entendida como uma das melhores formas de trabalhar um projeto de aula. É composta pelos seguintes itens: introdução, tarefa, processo, avaliação e conclusão e créditos, descritos a seguir.

A **introdução** apresenta o assunto a ser discutido. Tem como principal objetivo despertar o interesse do aluno pelo conteúdo. Desse modo, o texto explicativo precisa ser atrativo e claro, a fim de que o aluno sinta-se estimulado a realizar a atividade proposta no próximo item, chamado tarefa.

A **tarefa** é o item-chave da webquest. Ela propõe a atividade a ser realizada pelo aluno, ou seja, a proposta de uma pesquisa utilizando a internet como fonte de informação, resultando em uma descoberta ou na construção de algo, um desafio a ser transposto ou, ainda, um problema a ser analisado. Vale ressaltar que a tarefa necessita ser atrativa e muito bem planejada, de modo a estimular os alunos a transformar as informações em conhecimento.

No item **processo**, é apresentado o roteiro para a elaboração da pesquisa, ou seja, os passos que o aluno deverá seguir para a realização da atividade proposta no item anterior. Esses passos devem ser muito claros, de modo que o aluno não se perca. Neste momento, são apresentados links, como vídeos, imagens, textos, entrevistas, entre outros, que devem ser navegados pelo aluno com o intuito de reunir as informações necessárias para a realização do trabalho.

O item **avaliação** detalha os objetivos a serem alcançados pelos alunos, associados aos critérios de avaliação que serão utilizados pelo professor.

No último item, denominado **conclusão e créditos**, é apresentada uma reflexão sobre o que foi aprendido a respeito do assunto abordado pela webquest e sobre as habilidades que foram desenvolvidas com a realização da pesquisa e a solução da tarefa.

Como ilustrado no Quadro 4.1, com base em Dodge (1995), uma webquest pode desenvolver habilidades de pensamento.

Quadro 4.1 Habilidades de pensamento.

Comparação	Identificar e articular similaridades e diferenças entre as coisas.
Classificação	Agrupar coisas em categorias definíveis com base em seus atributos.
Indução	Inferir generalizações ou princípios desconhecidos, a partir de observações ou análises.
Dedução	Inferir consequências e condições não explicitadas, a partir de princípios ou generalizações fornecidas.
Análise de erros	Identificar e articular seus próprios erros ou os erros de outras pessoas.
Construção de apoio	Construir um sistema de apoio ou de prova para uma afirmação.
Abstração	Identificar e articular o tema ou padrão subjacente da informação.
Análise de perspectivas	Identificar e articular perspectivas pessoais sobre um assunto.

Fonte: Elaborado pela autora, com base em Dodge (1995).

Um exemplo de uma webquest, para alunos de um curso superior de Sistemas de Informação, pode ser visualizado nas Figuras de 4.1 a 4.5. O objetivo desta webquest é auxiliar os alunos na aprendizagem de criação de tabelas e de alteração de campos em tabelas de banco de dados, utilizando códigos da linguagem de consulta Structured Query Language (SQL).

A Figura 4.1 ilustra a página inicial da webquest – exemplos de comandos SQL. Na primeira coluna, pode-se perceber os itens que devem fazer parte de uma webquest. A página exibe uma introdução do assunto em questão, apresentando uma breve explicação sobre SQL e alguns dos tipos de campo mais comuns, utilizados na criação de tabelas de banco de dados.

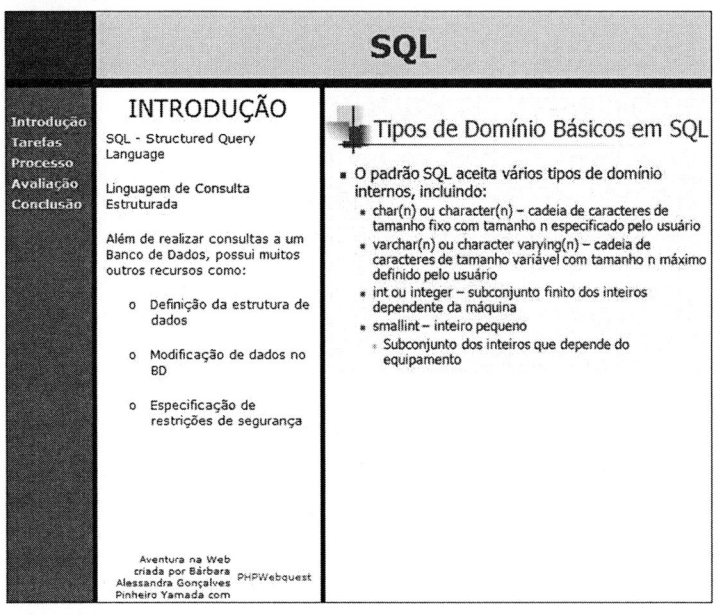

Fonte: Elaborado pela autora. Disponível em: http://webquests.edufor.pt/webquest/soporte_mondrian_w.php?id_actividad=2475&id_pagina=1. Acesso em: 17 fev. 2014.

Figura 4.1 Webquest sobre comandos da linguagem SQL.

A Figura 4.2 apresenta o item tarefa da webquest em questão. Esta página exibe comandos SQL para criação e alteração de tabelas de banco de dados.

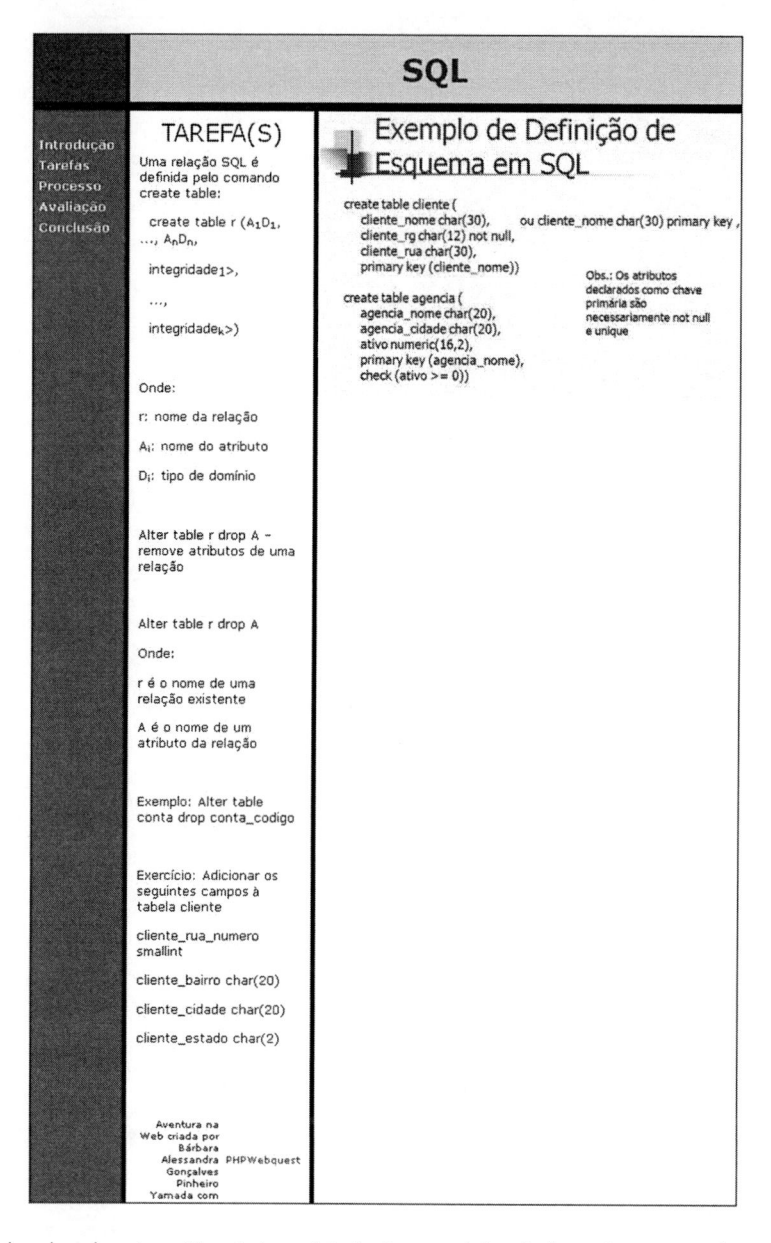

SQL	

TAREFA(S)
 	
Uma relação SQL é definida pelo comando create table:
 	
create table r ($A_1 D_1$, ..., $A_n D_n$,
 	
integridade$_1$>,
 	
...,
 	
integridade$_k$>)
 	
Onde:
 	
r: nome da relação
 	
A_i: nome do atributo
 	
D_i: tipo de domínio
 	
Alter table r drop A – remove atributos de uma relação
 	
Alter table r drop A
 	
Onde:
 	
r é o nome de uma relação existente
 	
A é o nome de um atributo da relação
 	
Exemplo: Alter table conta drop conta_codigo
 	
Exercício: Adicionar os seguintes campos à tabela cliente
 	
cliente_rua_numero smallint
 	
cliente_bairro char(20)
 	
cliente_cidade char(20)
 	
cliente_estado char(2)
 	
Aventura na Web criada por Bárbara Alessandra Gonçalves Pinheiro Yamada com PHPWebquest
	Exemplo de Definição de Esquema em SQL
	
	create table cliente (
	  cliente_nome char(30), ou cliente_nome char(30) primary key,
	  cliente_rg char(12) not null,
	  cliente_rua char(30),
	  primary key (cliente_nome))
	
	create table agencia (
	  agencia_nome char(20),
	  agencia_cidade char(20),
	  ativo numeric(16,2),
	  primary key (agencia_nome),
	  check (ativo >= 0))
	
	Obs.: Os atributos declarados como chave primária são necessariamente not null e unique

Fonte: Elaborado pela autora. Disponível em: http://webquests.edufor.pt/webquest/soporte_mondrian_w.php?id_actividad=2475&id_pagina=2. Acesso em: 17 fev. 2014

Figura 4.2 Webquest sobre SQL contendo o item tarefa.

Na Figura 4.3, é exibido o item processo da webquest sobre SQL, em que são disponibilizados links para que o aluno possa navegar e cumprir a tarefa estipulada pelo professor.

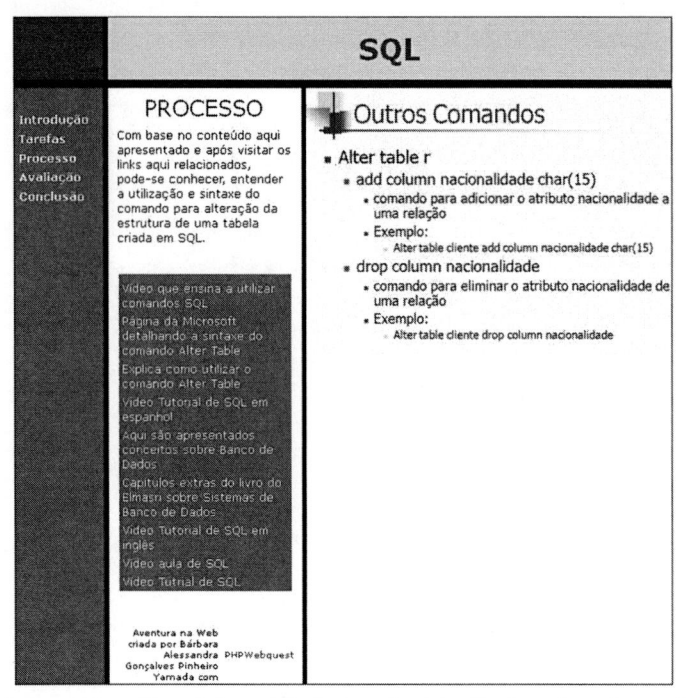

	SQL	

Introdução
Tarefas
Processo
Avaliação
Conclusão
	PROCESSO
	Com base no conteúdo aqui apresentado e após visitar os links aqui relacionados, pode-se conhecer, entender a utilização e sintaxe do comando para alteração da estrutura de uma tabela criada em SQL.
	
	Vídeo que ensina a utilizar comandos SQL
	Página da Microsoft detalhando a sintaxe do comando Alter Table
	Explica como utilizar o comando Alter Table
	Vídeo Tutorial de SQL em espanhol
	Aqui são apresentados conceitos sobre Banco de Dados
	Capítulos extras do livro do Elmasri sobre Sistemas de Banco de Dados
	Vídeo Tutorial de SQL em inglês
	Vídeo aula de SQL
	Vídeo Tutorial de SQL
		Outros Comandos
		• Alter table r
		  • add column nacionalidade char(15)
		    • comando para adicionar o atributo nacionalidade a uma relação
		    • Exemplo:
		      • Alter table cliente add column nacionalidade char(15)
		  • drop column nacionalidade
		    • comando para eliminar o atributo nacionalidade de uma relação
		    • Exemplo:
		      • Alter table cliente drop column nacionalidade

	Aventura na Web criada por Bárbara Alessandra PHPWebquest Gonçalves Pinheiro Yamada com	

Fonte: Elaborado pela autora. Disponível em: http://webquests.edufor.pt/webquest/soporte_mondrian_w.php?id_actividad=2475&id_pagina=3. Acesso em: 17 fev. 2014.

Figura 4.3 Webquest sobre SQL contendo o item processo.

Na sequência, a Figura 4.4 apresenta o item avaliação da webquest sobre SQL. Neste item, são descritos os critérios utilizados para avaliar a tarefa cumprida pelo aluno.

Na Figura 4.5, é apresentado o item conclusão da webquest, em que é feita uma reflexão sobre o que foi apreendido e as habilidades desenvolvidas.

O uso pedagógico das webquests pode auxiliar o educador a:

- Modernizar a maneira de ensinar, uma vez que elas fazem uso da internet, sendo uma forma de praticar a educação sintonizada com os recursos atuais.
- Assegurar o acesso às informações autênticas e atualizadas, pois ele tem por objetivo selecionar fontes de pesquisas para proporcionar informações confiáveis.
- Propiciar a aprendizagem cooperativa e social.
- Desenvolver as aptidões cognitivas, pois elas fornecem oportunidades para o desenvolvimento das habilidades do conhecer.

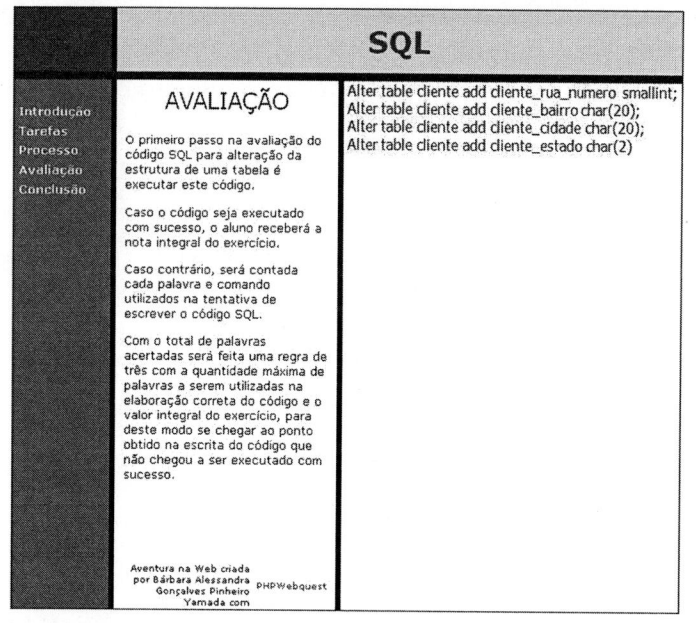

SQL

AVALIAÇÃO

O primeiro passo na avaliação do código SQL para alteração da estrutura de uma tabela é executar este código.

Caso o código seja executado com sucesso, o aluno receberá a nota integral do exercício.

Caso contrário, será contada cada palavra e comando utilizados na tentativa de escrever o código SQL.

Com o total de palavras acertadas será feita uma regra de três com a quantidade máxima de palavras a serem utilizadas na elaboração correta do código e o valor integral do exercício, para deste modo se chegar ao ponto obtido na escrita do código que não chegou a ser executado com sucesso.

```
Alter table cliente add cliente_rua_numero smallint;
Alter table cliente add cliente_bairro char(20);
Alter table cliente add cliente_cidade char(20);
Alter table cliente add cliente_estado char(2)
```

Fonte: Elaborado pela autora. Disponível em: http://webquests.edufor.pt/webquest/soporte_mondrian_w.php?id_actividad=2475&id_pagina=4. Acesso em: 17 fev. 2014.

Figura 4.4 Webquest sobre SQL contendo o item avaliação.

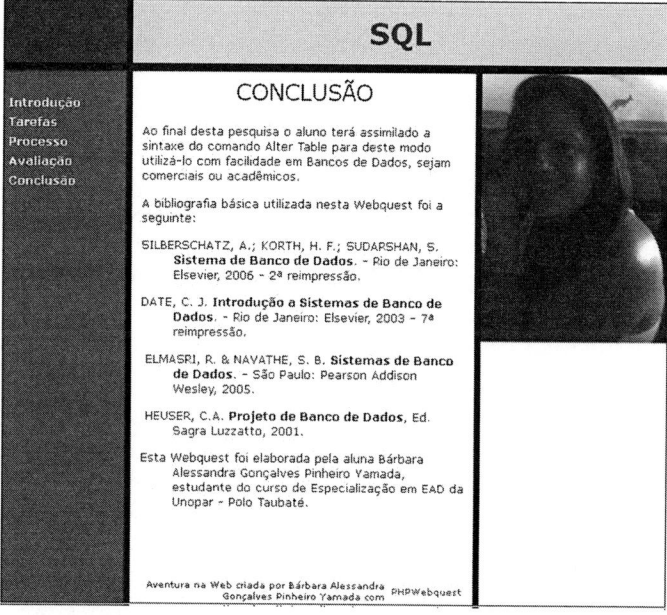

CONCLUSÃO

Ao final desta pesquisa o aluno terá assimilado a sintaxe do comando Alter Table para deste modo utilizá-lo com facilidade em Bancos de Dados, sejam comerciais ou acadêmicos.

A bibliografia básica utilizada nesta Webquest foi a seguinte:

SILBERSCHATZ, A.; KORTH, H. F.; SUDARSHAN, S. **Sistema de Banco de Dados**. - Rio de Janeiro: Elsevier, 2006 - 2ª reimpressão.

DATE, C. J. **Introdução a Sistemas de Banco de Dados**. - Rio de Janeiro: Elsevier, 2003 - 7ª reimpressão.

ELMASRI, R. & NAVATHE, S. B. **Sistemas de Banco de Dados**. - São Paulo: Pearson Addison Wesley, 2005.

HEUSER, C.A. **Projeto de Banco de Dados**, Ed. Sagra Luzzatto, 2001.

Esta Webquest foi elaborada pela aluna Bárbara Alessandra Gonçalves Pinheiro Yamada, estudante do curso de Especialização em EAD da Unopar - Polo Taubaté.

Fonte: Elaborado pela autora. Disponível em: http://webquests.edufor.pt/webquest/soporte_mondrian_w.php?id_actividad=2475&id_pagina=5. Acesso em: 17 fev. 2014.

Figura 4.5 Webquest sobre SQL contendo o item conclusão e créditos.

- Estimular a criatividade.
- Transformar as informações existentes, em vez de apenas reproduzi-las, priorizando a necessidade de solucionar as questões e atingir os objetivos propostos por elas.

Podcast

O podcast, outra ferramenta que pode favorecer o ensino-aprendizagem, nada mais é que um arquivo de áudio digital, geralmente em formato MP3[1] ou AAC[2], que pode conter imagens estáticas e links, publicado por meio de podcasting na internet e atualizado via RSS[3]. Também pode conter uma série de episódios de algum programa, quanto à forma em que é distribuído. A palavra podcast é uma junção de iPod (Personal On Demand – cuja tradução literal é algo pessoal e sob demanda) e broadcast (transmissão de rádio ou televisão). O podcast em vídeo chama-se videocast, geralmente em arquivo formato mp4 Com isso, é possível o acompanhamento e/ou download automático do conteúdo de um podcast.

Surge como um novo recurso tecnológico, um canal de comunicação informal de grande utilidade, que permite a transmissão/distribuição de notícias, áudios, vídeos e informações diversas na internet, o que contribui para a disseminação da informação de maneira fácil, rápida e gratuita.

Vale ressaltar que a principal característica do podcast é o fato de que as pessoas que se interessarem pelo assunto de um podcaster poderão acompanhar a atualização das informações por meio de mensagens feed RSS. Dessa forma, é possível configurar o programa leitor de podcast, de modo que todas as atualizações de sites de interesse possam ser transferidas sem que se tenha de visitar realmente esses sites e fazer download.

Qualquer pessoa pode ouvir um programa de rádio ou um arquivo de áudio, bastando para isso fazer inscrição nos podcasts de interesse e num software,

---

[1] O mp3 (MPEG-1/2 Audio Layer 3) foi um dos primeiros tipos de compressão de áudio com perdas quase imperceptíveis ao ouvido humano.

[2] Advanced Audio Coding (AAC) é um esquema de codificação para compressão com perda de dados de som digital. Projetado para ser o sucessor do formato mp3, o AAC geralmente consegue melhor qualidade de som do que o mp3 em bitrates similares.

[3] RSS é um subconjunto de "dialetos" XML que servem para agregar conteúdo ou "Web syndication", podendo ser acessado mediante programas ou sites agregadores. É usado principalmente em sites de notícias e blogs.

como, por exemplo, o iTunes, que possibilita o acompanhamento atualizado das informações.

"O iTunes é um aplicativo gratuito para Mac e PC. Ele organiza o conteúdo de música e vídeo digital no seu computador. E também sincroniza toda a sua mídia com o seu iPod, iPhone e iPad" (Apple, 2011).

"iTunes é um reprodutor de áudio (e vídeo, a partir da versão 4.8, chamado de media player), desenvolvido pela Apple, para reproduzir e organizar música digital, arquivos de vídeo e para a compra de arquivos de mídia digital" (Wikipedia, 2011). Também é conhecido como agregador de podcast, com a função de acompanhar as mudanças e atualizações dos podcasts. Funciona de forma semelhante a uma agenda on-line, onde inúmeras pessoas inserem compromissos e tarefas, que podem ser acompanhados por quem acessá-lo. Quando um novo podcast é inserido na programação, o iTunes indica ao usuário que ocorreu essa adição, sinalizando que o arquivo poderá ser baixado ou acessado posteriormente. Atualmente, existem diversas opções de agregadores, tais como: via programas (para serem instalados no computador), via sites, que fazem o trabalho similar aos programas, mas que, de um modo geral, só atualizam a agenda e permitem ouvir os podcasts – não salvando o seu conteúdo (os arquivos) no próprio site.

Os podcasts sincronizam-se com o iPod, desde que estes estejam conectados à internet, ou podem ser ouvidos em leitores de mp3. Esses fatores tornam o podcast uma ferramenta de relevante interesse na sociedade em geral e de um modo muito particular no contexto educativo.

Para acessar os diversos podcasts disponíveis na internet atualmente, são necessários ao menos:

- Computador devidamente configurado com sistema operacional (podendo o SO ser o Microsoft Windows, Linux, Macintosh ou outro), tablets, PDAs ou os tão usados smartphones.
- Um navegador de internet instalado (como o Internet Explorer, Firefox, Chrome, Opera ou outro).
- Uma conexão de internet, podendo ser até conexão discada via modem – a mais simples atualmente disponível –, ou qualquer conexão via banda larga, ou mesmo conexões de dados 3g.

- Um player (tocador) de arquivos, como Windows Media Player, Real Player, Amarok, Quicktime ou outro que reproduza ao menos arquivos no formato mp3.

No universo dos podcasts, são encontrados programas, músicas, artigos, cursos, entrevistas, piadas, programas de rádio e uma janela para um novo mundo de informações ao seu dispor, nos mais diversos equipamentos: mp3 players, DVD players, computador, telefone celular com suporte para mp3, entre diversos outros equipamentos que possam reproduzir arquivos mp3.

Ferramentas educativas

As ferramentas webcast e podcast, consideradas atuais e perfeitamente adaptadas à realidade da computação em nuvem, podem ser utilizadas por meio de dispositivos móveis (smartphones, tablets etc.) e em ambientes de aprendizagem adaptativos.

A Apple, em conjunto com algumas universidades dos Estados Unidos, vem realizando testes com o iTunes U, para reproduzir aulas de professores em podcasts. Com essa estratégia, a Apple impulsiona o alicerce de uma educação mais tecnológica.

Essa tecnologia apresenta vantagens relevantes no contexto educacional. Por exemplo, a gravação de aulas que tenham conteúdo que não se altera muito de um ano para outro pode ajudar o professor a gerenciar melhor seu tempo, economizando-o para outras atividades. Outra vantagem é possibilitar ao professor estar em sincronia com os alunos de hoje – os chamados nativos digitais.

Nesse contexto, é preciso que a escola torne possível a alfabetização da sociedade da informação, visto que essa inovação social e tecnológica está influenciando fortemente a educação (Moura; Carvalho, 2006).

A utilização dessas ferramentas abarca a adoção de TICs com foco didático--pedagógico. Os recursos das TICs possibilitam novas maneiras de ensinar e aprender, mediante o grande manancial de informações disponíveis, a grande diversidade de formatos e a disseminação do acesso a web, permitindo múltiplas perspectivas educacionais.

Uma vez inseridas nesse campo, as TICs, apesar de promoverem aprendizagem e autonomia, constituem grande desafio para os educadores, os quais devem fazer uma ampla reflexão sobre sua correta utilização e voltar seu olhar para os conceitos de educação e tecnologia, uma vez que são os educadores o sustentáculo das estratégias pedagógicas e, nesse caso, devem explorar todo o potencial dessas tecnologias na construção do conhecimento coletivo.

Deve haver uma articulação entre teoria e prática, que contribua para políticas que deem conta de uma nova realidade e de um novo contexto escolar.

Considerações finais

O uso das tecnologias está alterando significativamente os papéis de professores e alunos, fazendo com que o ensinar e o aprender sejam repensados.

Considerando as reflexões realizadas até aqui, é possível partir do pressuposto de que, para que haja uma melhoria efetiva no ensino, torna-se necessário um melhor preparo do professor, o qual deve atuar em um ambiente moderno e interativo, onde os recursos tecnológicos imperem e sejam uma realidade incontestável.

Equipamentos adequados e novos recursos e técnicas, que contribuam e possibilitem uma boa dinâmica do processo de ensino e aprendizagem, precisam ser alvo de estudo.

Há de se criar, experimentar, reinventar tudo de um modo distinto.

Bibliografia

APPLE. iTunes. 2011. Disponível em: <http://www.apple.com/br/itunes/what-is/>. Acesso em: 23 jul. 2011.

ABREU, A. F. de; GONÇALVES, C. M; PAGNOZZI, L. Tecnologia da informação e educação corporativa: contribuições e desafios da modalidade de ensino-aprendizagem à distância no desenvolvimento de pessoas. 2003. Disponível em: <ftp://ftp.cefetes.br/Cursos/EnsinoMedio/InformaticaBasica/Helaine/PROEJA%20-%20EAD/Ricardo/2003_ti_educacao_coporativa.pdf>. Acesso em: 13 jul. 2011.

BRASIL. Decreto nº 5.622, de 19 de dezembro de 2005. Regulamenta o art. 80 da Lei nº 9.394, de 20 de dezembro de 1996, que estabelece as diretrizes e bases da educação nacional. Diário Oficial da União, Brasília, DF, 19 dez. 2005. Disponível em: <http://www.planalto.gov.br/ccivil_03/_Ato2004-2006/2005/decreto/D5622.htm>. Acesso em: 17 nov. 2005.

CHAVES, E. O. C. *Tecnologia na educação*. 2004. Disponível em: <http://chaves.com.br/TEXTSELF/EDTECH/tecned2.htm>. Acesso em: 5 nov. 2010.

COSTA, V. V. *Metodologia do ensino superior*. Paraná: Universidade Norte do Paraná, 2011.

CHRISTENSEN, C. M. *O dilema da inovação: quando as novas tecnologias levam as empresas ao fracasso* .São Paulo: M. Books, 2011.

CRUZ, V. G. da. *Metodologia da pesquisa I*. Paraná: Universidade Norte do Paraná, 2011.

DINIZ, P. R. T. *Tecnologias e sistemas interativos*. Paraná: Universidade Norte do Paraná, 2010.

DODGE, B. *Some thoughts about WebQuests*. 1995. Disponível em: <http://webquest.sdsu.edu/about_webquests.html>. Acesso em: 11 jul. 2011.

FRANÇA, C. S. *Construção de material didático em EaD*. Universidade Norte do Paraná, 2011.

HOUAISS, A. *Novo dicionário da língua portuguesa*. Rio de Janeiro: Objetiva, 2009.

MAIA, C.; MATTAR, J. *ABC da EaD*. São Paulo: Pearson Prentice Hall, 2007.

MARAN, R. *Aprenda a usar o computador e a internet através de imagens*. Rio de Janeiro: Reader's Digest Brasil, 1999.

MORAN, J. M. *A educação a distância hoje no Brasil*. Disponível em: <http://mundoacademico.unb.br/users/ledafior/111147471.doc>. Acesso em: 2 dez. 2010.

_____. *A educação em tempos do Twitter*. 2009. Disponível em: <http://www.eca.usp.br/prof/moran/twitter.htm>. Acesso em: 5 ago. 2011.

MOURA, A. M. C.; CARVALHO, A. A. A. (2006b). Podcast: para uma Aprendizagem Ubíqua no Ensino Secundário. In: ALONSO, L. P. et al (Ed.), *8th Internacional Symposium on Computer in Education*. Universidad de León, León, v. 2, p. 379-386. Disponível em: http://webcache.googleusercontent.com/search?q=cache:up0EUrpUrMUJ:ubicomp.algoritmi.uminho.pt/csmu/proc/moura-147.pdf+%22Podcast:+uma+ferramenta+para+usar+dentro+e+fora+da+sala+de+aula%22&hl=pt. Acesso em: 20 fev. 2014.

_____. *Novas questões que a educação online traz para a didática*. 2003. Disponível em: <www.eca.usp.br/prof/moran/questoes.htm>. Acesso em: 2 dez. 2010.

VASCONCELOS, S. P. G. de. *Educação a distância: histórico e perspectivas*. Disponível em: <http://www.filologia.org.br/viiifelin/19.htm>. Acesso em: 10 nov. 2010.

WIKIPEDIA, a enciclopédia livre. iTunes. 2011. Disponível em: <http://pt.wikipedia.org/wiki/ITunes>. Acesso em: 23 jul. 2011.